献给我们的家人

宇菲、芃芃、

崇浩及以正

序

你打开了这本书，大概是因为书的名字吸引了你——《知诸网：网络科学及其在艺术、金融和社会学中的应用》——你可能关心艺术，可能关心金融，可能关心社会科学，也可能只是关心网络技术及其应用。不管如何，若你希望了解一下这本书将会为你提供什么新的相关知识和信息的话，我建议你把这本书好好地读一遍。

如题所示，这本书是关于网络科学在艺术、金融、社会以及相近领域中的一些成功应用。这是一本由两位研究网络科学的专家为初学者编写的科普读物和入门参考书，当然也为其他相关领域的科研人员提供一些有价值的思想和素材。

这本书以讲故事的形式、用轻松愉快的笔墨写成。第一章和第二章引领读者去了解网络科学的基本理论框架。大家当然知道，今天的世界是一个网络世界：网络无时不在、无处不在。其实网络的概念可以追溯到古代，那时就有了“天罗地网”的说法。不过，把网络作为一门学科来进行研究，则是从数学图论开始的。1736 年，欧拉证明了有趣的 Königsberg 七桥问题无解，从而建立了图论。1960 年前后，Erdös 关于随机图论的奠基性工作则进一步发展了一套系统而严格的数学图论；他的研究工作形成了后来半个世纪数学图论的核心，其成果在网络科学和技术研究中也获得了很多成功的应用。1998 年，当时的博士生 Duncan J. Watts 与其导师数力学家 Steven H. Strogatz 在《自然》杂志上发表了一篇原创性论文，在 Erdös 的随机网络基础上引入了小世界网络模型，描述了从规则网络到随机网络的过渡。1999年，物理学家 Albert-László Barabási 和他当时的女博士生 Réka Albert 在《科学》杂志上发表了另一篇开创性论文，指出许多现实世界中的网络的连接度分布具有无标度特性的幂律形式。这两篇奠基性论文触发了国际上全面开展研究网络科学的热潮。

今天，网络科学的理论和应用研究，其对象主要涉及计算机网络（互联网、万维网）、通信网络、电力网络、传感网络、社会和艺术网络（疾病传播网络、科学家合作网络、商业竞争与合作网络、人群动力学网络、音乐和语言网络）、生命科学网络（大脑神经网络、蛋白质交互作用和折叠网络、生态网络），研究手段主要是计算机模拟、数学图论、统计物理学方法、社会大数据分析、通信流分析，以及系统控制论方法，研究内容主要包括网络的代数与几何属性、网络的形成机制和演化规律、网络的建模和性能分析以及网络的动力学特征和结构稳定性等理论核心和技术关键问题。

看到这里，你可能对"网络科学"兴趣更高了？如是，就请读读这本好书吧。

这本书的第三章至第六章分别介绍了如何利用网络知识和技术来作曲，如何分析网络化的全球股票市场的动态，如何理解人类社会的自我修复功能，以及如何看待人际关系网络对社会共识产生的影响，等等；第七章介绍了网络科学在其他领域中的一些成功应用例子。本书从多个不同侧面来介绍了网络科学的各种美好应用，令人鼓舞、令人兴奋。本书适合于对各种网络有一定兴趣的广大读者，从中学生、大学生到研究生，以及从事自然科学、社会科学、艺术科学的研究工作者，均可阅读参考，以助增长网络科学知识，拓广思维空间，提高解决实际问题的兴趣和能力。

如果你真能把本书认真地读一遍，那么你大概会同意我个人的简单评价：本书内容新颖、文笔生动活泼，虽然篇幅不长，但是读后很受启发。

为此，我向广大读者推荐这本新书。

陈关荣

香港城市大学讲座教授

混沌与复杂网络学术研究中心主任

2014 年 8 月 16 日

前　言

网络科学的开端可以追溯到18世纪著名的Königsberg七桥问题。在过去的200年间，网络科学以多种形式广泛存在于图论、物理学、控制论等多个学科的交叉体系中。直到21世纪初，以复杂网络为内涵的“网络科学”这一概念才开始形成。从2006年开始的由网络科学创始人Albert-László Barabási组织的NetSci (Network Science)系列会议，到2009年9月由美国普林斯顿大学和麻省理工学院等十所著名高校联合组成的“美国网络科学与工程委员会”提出的专题报告“网络科学与工程研究路线图”，再到2010年美国国家防务委员会发布的报告中重新提出网络科学这一概念，短期内，网络科学领域已经发展成物理学家、数学家、社会学家、工程师们济济一堂的盛会。

网络科学发展至今虽然仅仅经过了十几年的时间，但是却已经建立了一套完整的理论体系，能够从宏观、微观及动态等多个视角分析世界上最复杂的一些系统。可以说，这门年轻的学科已经取得了令世人瞩目的成就。我们预测，在接下来的十年至二十年里，科学家们将会把网络科学完善的理论基础从象牙塔中解放出来，运用到各行各业中去解决实际的问题。本书中展现的内容，就是我们在过去的几年里，将网络科学的理论运用到艺术、金融以及社会学领域中所取得的先期成果。我们希望本书起到一个抛砖引玉的作用，向读者们展示网络科学的广阔应用前景，并鼓励更多的读者加入我们的探索行列。

本书的第一章为读者打开网络科学的大门，将我们身边各种错综复杂的系统展现出来，从而引入网络的概念。第二章概括性地总结网络科学的理论基础，包括网络严格的表示形式、网络的拓扑特征、网络的理论模型和网络中的动力学现象。并且，这一章的最后提出了运用网络科学的理论工具解决实际问题的基本框架。而接下来的 4 章内容是我们对网络科学应用的初步探索：第三章运用音乐中的网络进行作曲；第四章从网络的动力学视角审视全球股票网络中的各种金融现象；第五章运用网络理论分析人类社会自我修复的特征；第六章分析社会网络的复杂结构对社会共识形成过程产生了什么样的影响。最后，第七章介绍网络科学在其他多个领域中的成功应用案例。

本书的适用范围很广。无论文科还是理科，只要具有一定数学基础的高年级中学生、大学生、研究生，均可以通过本书领略网络科学广阔的应用前景。同时我们也希望博士生、学者们能够从本书中获得灵感，与我们一起共同推动网络科学的发展。本书中所使用的编程工具，以及与本书内容相关的图片、视频等信息资料均可以在网页 http://cse.seu.edu.cn/PersonalPage/xfliu/book 中获取。

最后，感谢我们的好友 Michael Small 教授和许小可教授对我们工作的支持和协助。作者刘肖凡还要感谢父母和妻子对他一直以来的关心和支持。作者谢智刚衷心感谢陈关荣教授和刘重明教授多年来给予他的启发和工作上的支持。

另外，本书也得到了国家自然科学基金(61374170、61304167)以及江苏省基础研究计划(BK20131301)的大力支持。

刘肖凡　谢智刚

2014 年夏

目　录

第一章 你我身边的网络

“网”(图 1.1)，在《说文解字》中的解释为：庖牺所结绳以渔。意思是古时候有一个人叫庖牺，这个人把许多绳子交叉打上结，两端用棍子挑起来，织成了一张网。最初，“网”是用来捕鱼和捕鸟的工具。“络”其本意是指用来制绳索、织布的干枯麻类植物。堆在一起的枯麻，看起来纵横交错，非常混乱。“网”和“络”这两个字，都可以引申指代纵横交织、错综复杂的物体。现在，人们用“网络”这个词来表示由多个相同或相似的事物连接而成的复杂系统。大家耳熟能详的包含“网”或“网络”的词有：互联网、万维网、社交网络、神经网络，等等。在这一章里，我们将会介绍一些与生活息息相关的网络，以及这些网络的组成部分是如何连接在一起的。

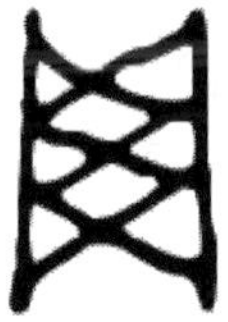

图 1.1　甲骨文中的“网”字

工程网络

人类迄今为止最伟大的两项工程成就，是第二次工业革命中诞生的电网和第三次工业革命中诞生的互联网。

第二次工业革命是以电力的广泛应用为标志的。蒸汽机、内燃机等发电机器通过燃烧化石燃料而产生能量，而能量以电力的形式从发电站输出，通过高压交流电线流向城市中的各式变压器，再转为低压交流电后走进千家万户。电力通过输电线路在发电站、变压器、用户之间流通，并形成了一张网络。在电力刚刚被发明的 19 世纪，电网还是一种孤立的小型结构。随着 20 世纪多国工业的快速发展，如今的电网已经是一个几乎覆盖全世界的巨型网络。由于电力涉及人类生活的方方面面，是一个不可或缺的重要战略资源，因此各个大国的电力网络基本上还是互不联通的。世界上最大的几个独立电力输送网络包括：北美东部电网、北美西部电网、澳大利亚国家电网、欧洲大陆电网、俄罗斯国家电网，以及中国的国家电网和南方电网等。直到 1965 年，公众才认识到电网已经发展为一个庞大的结构。1965 年 11 月 9 日，美国东北地区电网因维护失误，一条主要的输电线路运行中断，导致其他的输电线路因电量过剩而过载，使得这些输电线路主动或被动地从电网中分离开来，造成大面积停电。人们由此认识到，电网中的每个组成部分都是息息相关的，一个组成部分的故障往往会导致其他部分的连锁反应。21 世纪初的 10 年间，南欧、北美、印度、印尼、巴西等地相继发生了涉及上千万甚至上亿人口的大面积停电，这一波电网故障的浪潮也促进了电网研究的发展。时至今日，在地理范畴上跨越千山万水的电网往往被看作一个由千千万万个电气元件连接而成的网络状整体，在人类的生产生活中扮演着至关重要的角色。

第三次工业革命是以电子计算机的广泛应用为标志的。1955年，世界第一台电子机——电子数字积分计算机[1](electronic numerical integrator and computer, ENIAC)的正式开机标志着电子计算机时代的来临。在过去的十几年间，电子计算机技术飞速发展，计算机变得更小、更快，用户也从军队、研究机构拓展成世界上的每一个普通人。一台孤立的计算机仅仅能进行数值计算和简单的智能推理，它的价值是有限的。但是如果将全世界的计算机连接在一起，计算机之间可以相互通信，那么这个庞大的系统所蕴含的价值便是无限的。计算机互联的系统，被称为互联网(the Internet)。互联网的建设始于 1969 年，由美国国防部牵头，美国西南部几所著名大学里的计算机被连接在一起，并开始互相传递消息。1989 年，全世界联入互联网的计算机仅有 10 万台。随着 3G、4G 通信技术的普及，2013 年全世界人口的 40%都可以使用互联网，也就意味着全世界网民的数量超过 20 亿。接入互联网的计算设备早已不计其数，约 42.9 亿个 IPv4 地址已经分配殆尽。互联网

1 亦有说世界上第一台电子计算机是阿塔纳索夫-贝瑞计算机(Atanasoff- Berry computer)。

的结构非常复杂。首先，小型计算机、移动设备等终端设备通过有线、无线等多种方式由路由器连接起来，组成一个本地网络。若干个小型的本地网络通过光纤等高通量传输设备汇聚起来，再通过大型的路由服务器联入互联网的主干。这些物理连接通常是光纤线路，一些光纤线路可以横跨海洋连接几个大洲。目前最长的海底光缆是 SEA-ME-WE 3(亚欧)海底光缆，长达 39 000 千米。它从澳大利亚和东亚开始，汇经东南亚，路过中东，通过苏伊士运河抵达欧洲。当一个中国用户需要访问一台位于伦敦的计算机时，数据往往会经过多个服务器的中转，通过海底光缆传输才能到达目标主机。

除了电网、互联网以外，人类在地球上还留下了许多其他的大型工程。现代交通系统是人类在过去的两个世纪里慢慢建立起的伟大工程。交通系统中离我们的生活最近的是公路网络，只要有一辆汽车，人们便可以到达世界上的每一个角落。铁路网络是由铁轨连接而成的，特别适合运送重型物资。欧亚大陆桥是连接欧洲和亚洲的铁路系统，由 3 条线路连接而成，总长四万多千米，途径四十多个国家。航空网络是一个从平面转向立体的大型交通网络。飞机是 20 世纪发展起来的快速交通工具，在万米高空将旅客和货物快速地运往遥远的地方。据统计，世界上的飞机场和可供飞机降落的跑道共有 44 000 余处，其中大部分的飞机场都有航班路线常规起降。交通网络的建设使得人类的活动没有边界，在最近 100 年内的种族交融，要比过去1000 年加起来都多。

从微观角度来看，电路也是一个复杂的工程网络。它是由电阻、电感、电容、电源和开关等电子元件组成的回路。将电子元件及导线制作在一小块半导体晶片上，然后封装在一个微型的结构中形成一个整体，就制成了集成电路。计算机的 CPU 就是一个大型的集成电路，集成电路中的晶体管越多，CPU 的计算能力就越强。1971 年，Intel 公司的 4004 型微处理器只有 2300 个晶体管，此后，每 2 年集成电路中的晶体管数目就会翻一番，这一现象也被称为“摩尔定律”。近来由于制造工艺的提升，集成电路中电路的宽度已经达到了以原子为单位的级别，由于物理定律的限制(“摩尔定律”只是一个观测规律，并不是物理定律)，集成电路中的晶体管数量已不能够无限制增加，“摩尔定律”似乎已经放慢为每3年增加1倍。即便如此，现代CPU中的晶体管数量也达到几十亿个，晶体管相互连接在一起，形成了极为复杂的网络结构。

信息网络

人们常常将互联网和万维网两个概念互换通用。但实际上，这两个概念是有着非常大的区别的。互联网指的是实体设备之间的联通，而万维网则是信息之间的互联。

网页是人们通过计算机走向世界的窗口。用户打开浏览器，输入一个网址。浏览器通过这个网址访问指定的服务器获取信息，再将信息通过多彩的方式展现在用户的面前。网页往往包含着文字、图像、声音等多重内容。除此之外，网页里还有许多“超链接”，这些超链接是另外一些网页的地址。用户点击超链接，可以让浏览器获取和展现另一个页面中的信息。全世界的网页通过超链接连接起来，组成了万维网(World Wide Web)。万维网这个概念，最早是在1989年由英国人Sir Tim Berners-Lee(蒂姆·伯纳斯-李爵士)在欧洲原子能机构(CERN)提出的。刚开始，这个概念只是为了欧洲原子能机构内部的信息共享。但是万维网因其简单易用的特性，迅速走向全世界，在30年内逐渐发展成为互联网上信息发布的主要渠道。那么全世界现在一共有多少网页呢？Google是一家致力于找到全世界所有网页的公司，截至2008年，他们在万维网中一共找到了1万亿个网页。当然，Google公司并没有能够遍历全世界所有的网页，因此1万亿这个数字，也并不是全世界网页的真实总数。通过对万维网中超链接的分析，我们发现它具有一个领结形的结构，如图1.2所示。图中领结的中心部分是用户经常访问的一些网站，比如信息门户网站、社交网站等。领结左边的进入部分，包含了一些指向中心部分但并未被中心部分所指的网页。这些网页通常都是新的网页，尚未被已有的网页所注意到。领结右边的退出部分，则是一些仅仅被中心部分所指，但是并没有超链接返回的网站。这些网站通常都是机构专属网页，网站中大部分的超链接都是内部链接。此外，领结结构中还有一些须状结构和独立的部分，这些网页并未和中心部分直接连接。

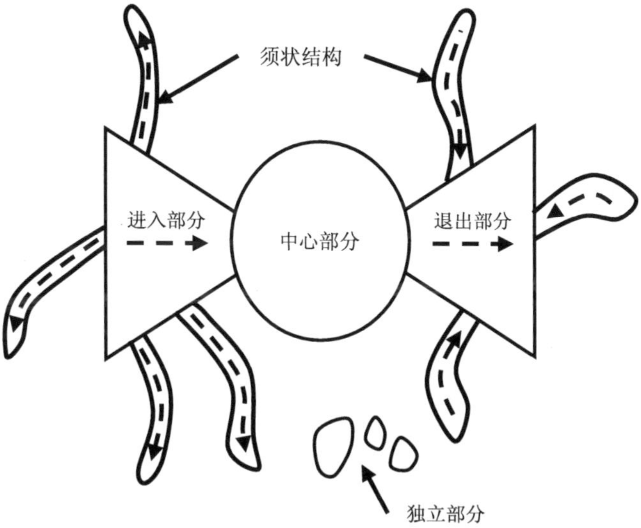

图 1.2 万维网的领结形结构

抽象来说，网页中的超链接是一种信息指向的关系。信息指向的关系也出现在许多其他信息系统中。例如，科学家将自己的成果发表为著作或科学论文时，会在著作或论文的最后标注对其他著作或论文的引用，代表同意或不同意已经发表的某一结果或观点。这种引用关系将人类的知识体系连接成了一张巨大的引文网络，使得人类所有的科学新发现都可以追根溯源找到原始的出处。科学论文的引用关系中，包含着人类智慧不断累积的历史。正如科学家牛顿所说，“如果说我看得比别人更远些，那是因为我站在巨人的肩膀上”。和科学论文类似，发明专利往往也是基于前人的基础上不断发展的。每一项发明专利中也包含了对前期专利的引用。因此，人类科技的进步历程也可以在发明专利组成的网络中追本溯源。

网页是具有具体表象的一种事物，网页之间的联系也是通过可见的方式表达出来。但在大多数信息的系统中，信息与信息之间的联系往往是隐性的，需要更进一步的抽象才能得到。例如，在人类所说的语言中，词语与词语之间通过语法这一隐藏的关系组合在一起。例如，“我打开了一本书”这句话，其中，“一本”是对“书”的修饰，“打开”是对“书”做的动作，“我”是做“打开”这个动作的主体。通过有限的几组语法关系，人类语言中的词语便可以连接在一起，组合成各种不同的意思。人类的说话和写作也是从词语网络中进行选择的过程。语言界认为，英语是词汇量最为丰富的一种语言，26 个字母共可以组词四十多万个。汉语的组词单元为字，常用的汉字大约有 1500 个，出现在《现代汉语大辞典》(2012 年版)中的单字 1.3 万多个，词语条目 6.9 万个。将这些词通过一定的语法组合在一起，也可以表达无限个意思。

以上提到的几种信息网络，网络的组成部分之间的联系都是单向的。一条超链接只能从其所在的网页指向目标网页，在到达目标网页后并不能通过这条超链接回到原来的网页。比如，“我打开了一本书”这句话中，只能是“我”打开“书”，而不能是“书”打开“我”。但是在另外一些信息系统中，信息间并非是通过单向的关系相连，而是通过某种平等的关系连接在一起。“相关性”就是一种描述信息间平等的相似性强度的指标。在股票市场中，每一只股票都有它自己在一段时间内的价格走势。价格走势是价格的时间序列，包含了股票价值的信息。通过计算两只股票在同一段时间内价格走势的相关性，便可以知道这两只股票的走势是否相似。如果走势相似，我们就认为这两个公司有一定的内在联系，公司业绩或会受到同一种市场因素的影响。市场中的任意两只股票，都可以由价格走势的条件相关性相连，形成一个股票相关性的网络(股票网络)。在第四章中，我们将具体描述另一个金融网络——全球股票市场的网络。除了金融市场外，相关性也可以将全球的自然环境联系在一起。例如，地震在一段时间内的爆发强度与一只股票的走势类似，也是一个时间序列，通过计算不同地理位置间地震发生强度的相关性，可以组成地震网络，从而寻找出地壳运动的规律。

人际网络

社会网络、社交网络、关系网络等名词均指向同一种网络，即人际网络。根据社会学理论，平均每个人在自己的一生中会遇到 500 个人，大约 150 个人会和自己形成稳定的社交关系。“150”这个数字也被称为“邓巴数字”。牛津大学的人类学家罗宾·邓巴(Robin Dunbar)根据猿猴的智力与社交网络推断出：人类的智力允许拥有稳定社交网络的人数大约是 150 人。这 150 人中包括家人、亲戚、同事、同学以及其他的朋友关系。人际网络便是对一群人的一种或几种关系的刻画。

人们通常会说，人与人之间最纯真的关系是同学之间的关系。这种关系也是早期人际网络研究的重点。最早对人际网络的研究始于 20 世纪二三十年代，中小学里的儿童和少年间的朋友关系是教育学家和发展心理学家的观察对象。研究人员通过观察、记录、访谈等方式对小朋友们之间的伙伴关系的建立原因进行分析。他们发现小伙伴的关系并不如想象般纯洁。智商、相貌、身体素质等多种因素都会影响少年儿童间关系的好坏。人际网络复杂的另一个方面在于人与人之间的关系是不停变化的。例如，在 1977 年的一篇报道里，研究人员用 3 年时间跟踪了一个空手道俱乐部里的 34 个成员间的关系变化。在 3 年的调查过程中，这个俱乐部里产生了友谊，也产生了矛盾。因为主管与教练产生冲突，俱乐部最终分裂为 2 个俱乐部。直到今天，这项研究都被视为人际关系演化研究的经典案例。

在互联网出现之前，社会科学家们开展研究的方式都是现场观察和调查问卷。由于这样的跟踪方式耗时耗力，无法大规模开展，因此人们对人际网络的认识仅仅局限于几十人，最多上百人。而 21 世纪以来，由于计算机技术的飞速发展，线下的人际关系正在以数字化的形式在线上映射。IMDB(Internet Movie Database)是一个电影电视信息库网站，该网站保存了超过 270 万种电影、电视剧和娱乐节目的信息，包括每一部影视作品的演职员名单。全世界超过 550 万个影视从业人员的职业合作关系，被电子化的保存在这个网站中。储存合作网络的信息库还有许多，例如，Web of Science 是美国汤姆森科技信息集团维护的大型科学论文索引数据库。因为大部分的科学论文是由多位科学家合作完成，所以从 20 世纪 40 年代开始的科学从业者的合作关系就都可以在这个数据库中找到。在商业领域，许多大型跨国连锁公司都倾向于雇佣职业经理人担任公司高层管理职位。这是因为这些职业经理人除了拥有过人的管理能力之外，他们往往还具有在不同公司任职的经历，拥有丰富的人脉。例如，中国的“打工皇帝”唐骏，现任港澳资讯公司 CEO，在此之前他拥有在福建新华都集团、盛大网络和微软公司的工作经历。职业经理人在职业生涯中的每个公司都会结识其他的职业经理人，最终这些职业经理人们便形成了一个隐性的总裁社区。

工作环境中的合作关系只是人类的多重社交关系中的一种。实际生活中人类的社交关系还包含亲戚、同学、朋友，甚至仅仅是点头之交等许多类型。有没有一种网站将所有的社会关系全部搜集起来呢？答案是肯定的，那就是在线社交网站。全球最大的在线社交网站是美国的 Facebook，它是 2004 年由扎克伯格和他的朋友们在哈佛大学的学生宿舍里创建的。截至 2014 年，Facebook 已经拥有了近 10 亿活跃用户（虽然其中 9%是虚假账号，但有效账户的数量也已超过了全世界人口的 10%），覆盖了全世界几乎所有的国家。图 1.3 为 2010 年 Facebook 用户的朋友关系图。这 10 亿用户的朋友网络结构几乎可以代表全人类的社交网络结构。Facebook 允许用户在网站上添加自己的个人信息，并和其他用户建立“朋友”关系。线上的“朋友”关系大部分是线下社会关系的直接映射，例如亲戚关系、同学关系、同事关系、朋友关系等。另外一部分线上关系在线下并不存在，用户在线上的活动中结识了一些拥有共同兴趣的人，并在交往中逐渐成为了真正朋友。

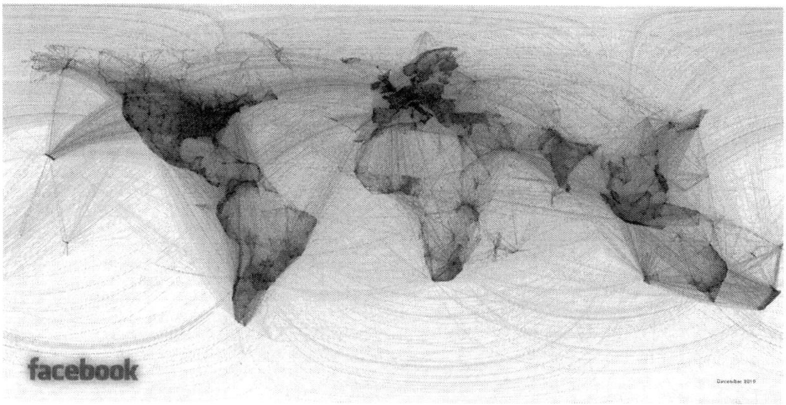

图 1.3　2010 年 Facebook 用户的朋友关系图，用户以黑色的点在其登录的地理位置上表示出来，灰色的线条则是用户间的朋友关系(图片来源：文献 Butler (2010))

Facebook 上的好友大部分是熟人关系。一些在线社交网站也针对其他种类的关系提供了各式服务。例如，Twitter 等网站提供的微博(microblog)服务，强调了信息在人群中的传播。在 Twitter 上，用户可以自由广播消息，但是这些消息必须保持在 140 个字符之内。用户除发布消息之外，还可以订阅他人的广播，并实时收取消息。从 2006 年创立至今，Twitter 网站已经吸引了超过 5 亿的用户。新浪微博是国内最大的微博服务提供商，2009 年成立至今，也已吸引了超过 5 亿的注册用户，其中大约 1 亿为活跃用户。微博服务与 Facebook 等熟人社交网站的不同之处在于，用户在接收自己朋友的广播的同时，还可以接收明星、媒体，甚至陌生人的广播。因此，各类信息在微博网站上传播得更快、更远。由于每个人发布的消息其他人都有可能接收到，这类网站也被称为自媒体网站。自媒体的发展促生了舆情分析这一需求的高速增长。政府、商家等机构均需要实时掌控社会舆论对某项政策或某种商品的情感反馈，以作出正确的应对决策。舆情分析师也慢慢变成了 IT 界中非常重要的一个工种。

“有缘千里来相识，无缘见面手难牵。”由社会关系相连的人们不一定同时出现在同一地理位置上，在同一地理位置上出现的人们也不一定相互认识。但是，同时出现在同一地点的两个人，他们的命运可能牢牢地联系在一起。比如一场突如其来的流行病。2002 年，广东顺德出现了一种传染性极强的呼吸道疾病：重症急性呼吸综合征(SARS)。SARS 通过近距离飞沫传播，在短短半年时间内感染了东南亚和全世界超过 20 个国家的 8000 多个病人，其中死亡超过 700 例(病死率接近 10%)，造成了极大的恐慌。轻至普通的感冒，重至艾滋病等流行病，疾病通过接触或非接触性传染在人与人之间传播，最终在人口中形成一个传播的网络。

生物网络

人类是地球上诸多生物中的一种。天上飞的鸟、地上走的兽、水中游的鱼，连同其他动物和植物，共同组成了地球的生态圈。地球的生态圈中有多少物种？这个问题其实没有一个确定的答案。数量最多的物种是昆虫，据估计有 1000 万~3000 万种；其次是真菌类，大约有 150 万种；再次是非昆虫类动物，大约有 130 万种；另外还有几十万种植物和各种藻类和苔藓。人类所发现和记录下来的只是出现在人类所能到达地方的物种。许多人迹罕至的地方尚有大量物种亟待我们发现。物种之间的关系可以简单分为两种：一种是捕食者和被捕食者的关系；另一种是共生的关系。不同物种间通过这两种关系连接起来，形成了自然界最大、最复杂的系统——生态系统。生态系统是一个非常微妙的系统，几千万个物种与地理环境融为一体，互相影响，不断演变。几乎每一年都有一些物种会灭绝，但是每一年也会有一些新的物种被发现。

每种生物生活在地球上，都会摄入物质转化为活动的能量，这个过程叫做新陈代谢。在生物体内，一种代谢物质变成另一种代谢物质，以完成储存能量和释放能量的目的。例如，葡萄糖在人的运动过程中会在有氧环境里分解为二氧化碳并缓慢释放能量，或在无氧环境中快速释放能量，并分解为二氧化碳、乙醇和乳酸。无氧运动产生的乳酸也是我们在激烈运动后会感觉肌肉酸痛的原因。除了葡萄糖外，生物体中还有许许多多不同的代谢物质通过各种化学反应互相转换，最终形成一个复杂的新陈代谢网络。大肠杆菌(*E. coli*)是人和动物体内最常见的一种细菌，主要生活在大肠内。大肠杆菌虽然是一种体积非常小的细菌，但是它在生命周期内也需要代谢物质，产生能量。在大肠杆菌的代谢网络中有 438 种代谢物质，各种物质之间共计有 627 种不同的化学反应。人是更加复杂的生物，在日常的生活中，人体内大概会产生 2000 多种代谢物质，代谢物质之间会产生 3000 多种化学反应。

蛋白质是生物体内一种重要的高分子有机化合物。人体的每个组织——骨骼、肌肉、皮肤、内脏、神经等，都由蛋白质组成。人体内蛋白质的种类非常多，每种蛋白质都有自己特别的任务。比如，血红蛋白负责在血液内运送养分；白蛋白负责维持机体内的体液平衡；免疫球蛋白负责抵抗外界病毒对人体的入侵；生长激素也是由蛋白质组成，可促进生长期骨骼的形成等等。人体中估计有 10 万种以上的蛋白质，人体生化功能往往是需要多种蛋白质配合完成。例如，三磷酸腺苷(ATP)是肌肉中储存能量的单元，催化 ATP 分解并释放能量的酶由 8 个蛋白质共同组成。一些蛋白质只出现在某些特定的生化反应中，而另一些通用性更强的蛋白质可能会和不同的蛋白质出现在不同的生化反应中，这些蛋白质通过交互作用将其他蛋白质联系在一起，进而形成了一张非常庞大的蛋白质作用网络。

蛋白质是一些结构复杂的巨大分子。那么这些巨大分子在生物体内是怎么形成的呢？是谁提供了这些复杂结构的“设计图纸”呢？这里就要提到“基因”了。基因是记录生物遗传信息的基本单元，其化学本质是核苷酸序列。有限的几种核苷酸通过不同顺序的排列，就可以储存巨大的信息量。基因通过复杂的生化过程将自身包含的信息表达出来，完成了各种蛋白质的合成。同时，基因本身也可以复制、转录，以完成生命的繁衍和细胞的分裂等过程。已知包含最少基因的生物是一种 RNA 噬菌体，它只携带 3 个基因。而哺乳动物一般都会携带上百万个基因。在数目如此众多的基因中，不是所有的基因都直接用来编码蛋白质的。有一些基因是用来标示具有蛋白质编码功能的基因的位置，有一些能够增加基因表达的效率，有一些则能够降低基因表达的效率。因此通常来说，从基因的表达到简单的基因复制、转录的过程，往往都需要多个基因的配合来完成。这个过程被称为基因调控的过程。由于一些基因有可能出现在几个不同的调控过程中，生物体内的多个基因就被联系在一起，又形成了一张巨大的网络。

动物与植物最大的区别之一是动物拥有一个复杂的神经系统。以人为例，我们的触觉、听觉、视觉等，都由神经系统接收外界信号而产生。这些信号通过中枢神经系统传递给脑部，并由脑部对信号作出分析、判断，最后产生反馈信号。反馈信号又通过神经系统传递给肌肉，使人体作出适当的反应。从解剖层面来看，神经系统是由许许多多的神经元构成的。神经元通过突起或间隙相互连接，传递微小的电位差，以达到传输信号的目的。线形虫是一种非常简单的生物，每个线形虫内有 270 多个神经元。270 个神经元之间的连接有 2700 个之多。

动物的脑部，是已知最复杂的神经网络。图 1.4 所示为鸽子的小脑中的一部分神经网络。而人脑是比所有其他动物的脑部都更加复杂的神经系统。人脑可以被粗略地分成三个部分：大脑、脑干和小脑。大脑是神经的中枢，可以对感觉、运动、思维等方面进行控制；脑干一般来说是负责调节呼吸、心跳等基本生命活动，不受大脑的控制；小脑则是负责维持身体的平衡和运动的协调性。据估计人脑中大约有神经元 860 亿个，相当于整个银河系星体的总数。这些神经元连接在一起，形成了一个极为复杂的神经网络。很显然，以人类目前的技术无法获取人脑中每一个神经元之间相互连接的信息。因此，当今人类对人脑的认识一般局限在更高一级的解剖层次或功能层次。例如，从脑电图(EEG)和脑磁图(MEG)信号中获得的功能连通性网络。脑电图是在人脑的表面使用侵入或非侵入式的植入电极，在人类进行脑部活动的时候搜集电信号，并对电信号作相关性的对比，以研究人类在进行不同脑部活动的时候运用到大脑的哪些部分。实验发现，几乎每种脑部活动都会用到许多不同的部分，而脑部的同一区域也会参与许多不同的脑部功能，因此脑部组成了一张功能性网络。在空间层面，功能磁共振成像技术(fMRI)可以在大脑活动时实时观察脑部空间内的血流活动。现代 fMRI 技术的空间分辨率已经可以达到毫米水平，通过 fMRI 成像获得的功能性网络比从脑电图和脑磁图中所得到的功能性网络更加精细。

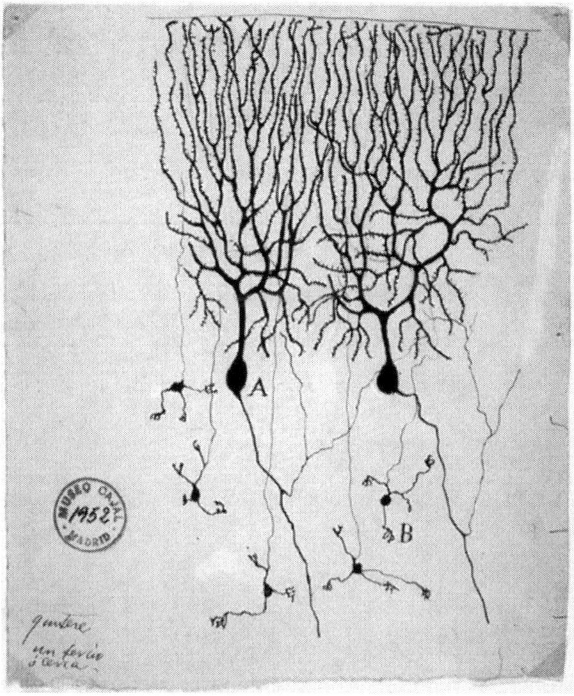

图 1.4　1899 年由科学家 Santiago Ramón 所画鸽子小脑中的浦肯野细胞(A)和小脑颗粒细胞(B)的神经网络图(图片来源：Wikipedia[1])

网络的网络

我们生活在一个错综复杂的世界中，世界上几乎每一样东西都可

1 http://en.wikipedia.org/wiki/Santiago_Ram%C3%B3n_y_Cajal

以联系在一起。电力传输网络是各类发电站、变电站和用电单元组成的网络。该网络的各个组成部分通过高压或低压的输电线路连接在一起。这些线路不仅可以作为电力传输的渠道，也可以作为高通量的宽带传输大量的信息。利用电网作为互联网的传输线路是一种对电力线路再开发的应用。互联网不仅是连接计算机与计算机之间通信的桥梁，更是连接人与人的纽带。经过仅仅20年的发展，互联网已经变成了人类社会不可分割的一部分。人们每天都会花费大量的时间在互联网上工作、娱乐和交流。在社会网络中，每个人都有自己的家庭成员、同学、同事和朋友等多种社会关系。全世界的70亿人几乎都可以通过各种各样的社会关系联系在一起。人类的社会在起到信息传播的作用的同时，也具有传播疾病的功能。病毒、细菌等微生物和寄生虫在人或动物之间传播，通过对新陈代谢网络或蛋白质相互网络进行简单的篡改，就可能对宿主的生理功能造成极大的破坏。因此，所有的工程网络、信息网络、人际网络和生物网络都有可能有机地结合在一起，形成网络的网络。

本章小结

这一章介绍了大家身边的各种复杂网络。不管是生态系统还是人类社会，不管是大自然的产物还是人类的创造，都是由无数个体连接而成的。并且，这些工程网络、信息网络、人际网络和生物网络，没有一个是独立存在的。地球上的各种生命，通过自然界的力量或人造的基础设施有机地联系在一起，形成了一个整体。这个整体也被称为网络的网络。这个整体中一个组成部分的行为，可能会引起一系列连锁的反应，也就是人们常说的“蝴蝶效应”。生活在这样一个复杂的系统中，我们必须了解身边的这些网络，掌握这些网络的共同特征，并利用和改造这些网络为我们带来更好的生活。下一章将从科学的角度，谈一谈身边的网络应该如何用严格的形式来表述，这些网络都有哪些共性，又有哪些不同，还会介绍利用网络科学的理论工具来解决实际问题的基本框架。

若需获取更多与本章内容相关的图片、视频等信息资料，请访问页面 http://cse.seu.edu.cn/PersonalPage/xfliu/book/networks.html。

文献注记

Albert 等(2004)在 2003 年北美停电事故后对北美电网的结构进行了分析。The Opte Project 对互联网结构进行了测量和可视化，详情可见：http://www.opte.org/。Alpert(2008)对 Google 公司遍历万维网的过程和成果进行了报道。Broder 等(2000)首次发现了万维网的领结形结构。Butler(2010)在 Facebook 公司实习期间对用户间朋友网络进行了可视化。据 Thompson(2012)报道，Facebook 中 9%的账号为虚假账号。Jeong 等(2000)最先用网络的形式分析了新陈代谢系统。Williams 等(2002)从网络的角度分析了生态系统。Maslov 和 Sneppen(2002)最早从网络的角度分析了蛋白质相互作用网络。Koch 和 Laurent(1999)提出了“大脑复杂性”的概念，建立了脑部功能连通性网络。

第二章

网络是一门科学

何为科学？科学一词实为日文，是英文 science 一词的翻译。Science 又来自于拉丁文 *scientia*，原意是知识。总的来说，科学指的是能够对宇宙中的事物提出可试验的解释和预测的知识体系。在自然科学中，一门学科，想要成为一门独立的科学，必须得从大量的客观事实中寻找规律、建立知识体系，并能够将知识体系应用在预测或改造研究的本体上。网络这一门学科已经逐渐具备了成为一门科学的资格。本章将为读者概述网络科学的一些奠基性研究成果，简述网络科学的知识体系和应用框架。

网络的抽象表示

上一章介绍了大家身边的各种网络。无论是计算机之间的互联网、人与人之间的社交网络，还是基因与基因之间的调控网络，都是包含着复杂结构的大型系统。但是从抽象的角度来看，这些系统都具有一个共性：它们都是由许多组成部分连接而形成的。因此，连接是网络科学的基础。网络科学研究的第一步，就是从这些复杂的系统中找出抽象的网络结构来。具体来说，就是将系统的组成部分变成一个个“点”，将组成部分之间的关系变成一条条“边”。将“点”和“边”连接起来，就形成了一个“网络”。大多数系统中的网络结构非常明显，比如互联网中，每一台计算机都是一个点，计算机之间的网络连接，就是网络中的边。也有一些复杂系统需要经过特别的抽象过程才能看到其中的脉络，比如金融市场中，如果每一只股票是一个点，那么股票之间的连接可以通过计算它们价格走势的相关性得出。这里我们总结了从复杂系统中找出网络结构的几种方式。网络中的点一般是一个系统的组成部分。例如在公路网的网络结构中，点是公路连接起来的城市；又例如在万维网中，点是一个个网页。网络中边的抽象，一般来说可以分为 6 种，如表 2.1 所示。第一种是“汇流”边，即系统中有具体的物体或信息传输，那么负责运输物资或信息的渠道可以作为网络中的边。例如，公路网的边是承载汽车的公路；电网中的边是承载电流的电线。第二种是“通信”边。在这些系统中，人是网络中的点。各种通信方式起到了将人与人连接起来的作用。例如，电子邮件、电话、即时通信软件等，都是建立人与人之间关系的桥梁。第三种是“共现”边，也就是同一时间出现在同一地点或事件中的人或物，他们之间会有共同出现的关系。例如，共同完成一项任务的两个人之间，就会以合作关系产生一个连接。第四种是“指向性”的边，例如，网页中的超链接、论文和专利中的引用关系等。第五种是“相关性”的边，金融市场中的股票、人脑的不同区域，都可能因为某一种内在规律或应对某一种外来刺激而表现出相似的外在现象，从而产生相关性。第六种是“时空相近”类型的边。例如，世界范围内的地震现象中，不同的地点有可能在同一时段发生地震，那么这两个地段就可能受到同一地理因素的影响，而产生某种内在联系。无论系统中组成部分间的连接方式是直接还是间接，一旦选择了正确的网络构建方法，便能容易地了解这一系统的秘密。

表 2.1　建立网络的 6 种方式

边的抽象方式	代表性网络
汇流	公路、电网、机场
通信	电子邮件、电话、即时通信软件
共现	合作、朋友
指向性	网页、引用、软件
相关性	金融市场、神经元
时空相近	语言、地震

网络是“点”和“边”的集合。这是一种对真实系统中各部分物理、逻辑关系进行抽象的方法。在数学上，网络使用集合 G 表示，用 $V=\{v_0, v_1, \cdots, v_n\}$表示网络中节点的集合，$E=\{e_0, e_1, \cdots, e_n\}$表示网络中边的集合，这些边将节点连接起来，连成一个网络，即 $G=\{V, E\}$。网络中的边可以是单方向的、双方向的，或者是没有方向的。图 2.1 所示为一个简单的网络。

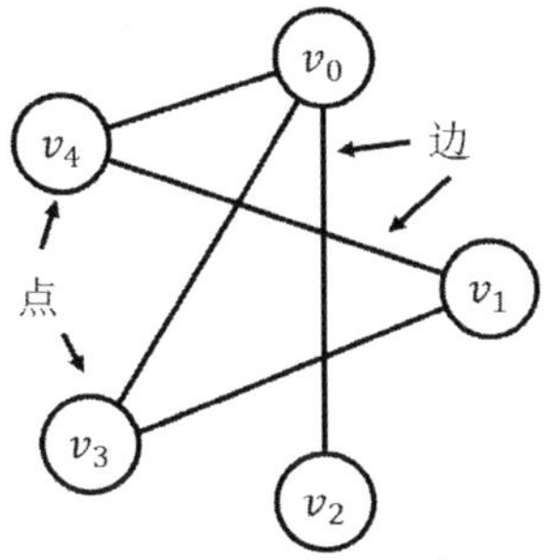

图 2.1　一个简单的网络

一个网络的连通性也可以表示为矩阵的形式。网络的邻接矩阵一般用 $\boldsymbol{A}$ 表示，矩阵中的每一个元素代表了相应顶点之间的相连关系。

$$A_{ij}=\begin{cases}1, & 若(v_i, v_j)是网络中的边\\0, & 若(v_i, v_j)不是网络中的边\end{cases}$$

因此，图 2.1 中的网络用矩阵形式可以表示为

$$\boldsymbol{A}=\begin{bmatrix}0 & 0 & 1 & 1 & 1\\0 & 0 & 0 & 1 & 1\\1 & 0 & 0 & 0 & 0\\1 & 1 & 0 & 0 & 0\\1 & 1 & 0 & 0 & 0\end{bmatrix}。$$

当一个网络的边具有权重的时候，例如，人们通过电话交流的网络中，边的权重有可能是一段时间内两个人打电话的频次，那么邻接矩阵中的每个元素可以从 1 和 0 变成任意一个数字，以表示边的权重。

网络的拓扑特征

网络虽然仅仅由节点和边两个集合组成，但是其结构可能非常复杂。网络的结构能否用一个或者几个量来表示？如果可以的话，它们都是用来描述什么特征的？社会、生物、工程、经济等多种复杂网络中的这些特征是否有所异同？这是本节将要向大家介绍的内容。我们将从网络节点的度、节点间的距离，以及聚类、模体、社团结构等多个角度来刻画网络的特征。

与度相关的特征

度(degree)是衡量幅度、范围的一种界定，如温度、湿度等。在网络中，节点的度指的是这个节点有多少条边与之相连。“度”一般用英文字母 k 表示。在有向网络中，指向某个节点的边的数目称为它的入度，从这个节点出发的边的数目称为它的出度。

如果仔细观察大型网络中节点度的分布，我们会发现一个非常有趣的现象，那就是网络中大多数节点的度很小，而少部分节点的度可能非常大。这种分布又叫做长尾分布(图 2.2)。在长尾分布中，任意大小的度出现的概率都不为零。复杂网络研究中最大的发现之一，就是网络中节点度的长尾分布特性。如果使用数学模型来描述这一度分布，我们会发现大部分网络中的度分布符合 Zipf 定律，又称幂律(power law)分布。以 $p(k)$ 表示在网络中找到一个度为 k 的节点的概率，那么幂律

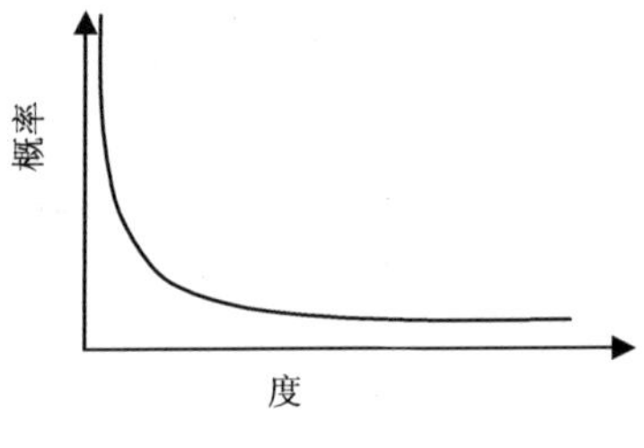

图 2.2　网络中长尾度分布的示意图

度分布可以表示为

$$p(k) \sim k^{-\gamma}$$

。

式中，γ为幂律指数。

实际生活中复杂网络的度分布大多为幂律分布，幂律指数通常在 2 和 3 之间。例如，互联网的幂律指数是 2.1，科学引文网络的幂律指数是 3.2，蛋白质作用网络的幂律指数是 3.1。具有相同幂律指数的网络，无论网络中有多少节点，其度分布的描述方法都是一样的。也就是说，具有相同幂律分布的网络，其节点的平均度可大可小，没有固定的值。因此，符合幂律度分布的网络有时也被称为无标度(scale free)网络。无标度的特征是所有复杂网络的一个普遍性特征。当然，从严格的数学意义上来说，有些网络由于其物理特性的限制，其度分布并不具备严格符合幂律的分布。比如，电网和航班网络呈指数度分布、社会网络具有高斯度分布等等。但是无论如何，这些复杂网络的度分布均为长尾分布。在这些网络中，一小部分节点充当了网络中最重要的角色，将大部分节点连接起来，这些节点又被称为“中心”(hub)。网络中约 80%的边连接在约 20%的节点上，而另外约 20%的边与其余 80%的节点相连。这一现象又被称为“二八定律”。二八定律在生活中其实屡见不鲜，比如世界上 20%的人坐拥 80%的资产，剩下 20%的资产分配在其他 80%人的手里。了解到网络中也存在这样“赢家通吃”的现象，对理解真实系统的内在结构，是至关重要的。

复杂网络中的节点都是由真实系统的组成部分抽象而来，而节点本身往往都有自身的属性。例如人类社会中，人可以用肤色分类为白种人、黄种人、黑种人等。一个社会中各个人种间关系的紧密程度可以用人种的同配性(assortativity)这一指标来衡量。比如，如果同一人种间的社会关系较不同人种之间的关系更加紧密，那么人种同配性就更高。因此，同配性是衡量系统中具有同一属性的组成部分是否存在更加紧密的关系的统计量。在网络中，一个节点最基本的属性是它的度。

网络中的同配性一般用来衡量各个度的节点之间连接的紧密程度。如果具有相同或相似度的节点间连接更加紧密，则网络同配性更高。网络同配性可以用同配系数来表示，同配系数指的是网络中每条边两端节点的度的线性相关系数，它是一个从 1 到–1 之间的值。用 k_i 表示节点 i 的度，用 k_j 表示节点 j 的度，那么一个网络的同配系数 R 可以写为

$$R=\frac{1}{\sigma_k^2}\sum_{ij} ij\left(e_{ij}-k_i k_j\right)。$$

式中，e_{ij} 是节点 i 和节点 j 的度的联合概率分布；$\sigma_k^2=\sum_i i^2 k_i-\left(\sum_i i k_i\right)^2$。

如果把度作为节点的最重要属性，那么网络同配性可以让我们得以一窥网络中相似节点间是否联系更为紧密。例如，电影演员合作网络等社会网络的同配系数为 0.21，说明在人类社会中，相似的人们更加容易建立社会关系；互联网的度同配性为–0.19，说明在互联网中，终端(度比较小的节点)之间的连接不多，而终端和服务器(度小的节点与度大的节点)之间的连接更加常见；海洋食物网的度同配性为–0.25，这说明食物来源单一的生物之间一般不会互相捕食，这也是一些生物种类为了防止灭绝而采取的先天性保护措施。

与距离相关的特征

“世界真小”是大家经常挂在嘴边的一句话，通常是两个人发现有共同朋友的时候所发出的感慨。如果用严谨的说法表示，就是在人类社会中任意两个人之间只需要通过少数几个人便能关联上。1969 年，美国社会学家米尔格拉姆(Milgram)发表了一项实验成果。实验随机选取了从美国内布拉斯加州到堪萨斯州的一些人，并请他们通过自己熟悉的人将信件传递给位于波士顿的某个目标人物。如果被选择的熟人并不直接认识波士顿的目标人物，那么他们需要通过自己的熟人将信件再转交下去。实验的结果是，平均每封信件只通过六次转手便寄达了位于波士顿的目标

人物手中。也就是说，在美国任意两个人平均通过六个熟人即可联系起来。这个实验确认了人们经常挂在嘴边的“世界真小”这句话，并首次向公众揭示了“六度分割”这个理念。实际上，这个实验所得到的人与人之间的距离，并不是最短的距离。在实验中，发出和转发信件的人无法知道社会网络的全局信息，仅仅根据自己的猜测选择下一个经手人，因此他们无法保证信件就是从最短的路径传递下去。假如知道了人类社会网络的全局信息，使用计算网络中点与点之间的最短路径的算法，那么我们就可以计算出人与人之间的最短距离。最新的实验表明，Facebook 上的用户之间平均只要通过 4.74 个人便能连接上。这个数字比六度分割还要小不少。也许，六度分割应该改名为“五度分割”了吧？大部分复杂网络的节点之间的平均最短距离都很短，这一现象也被称为“小世界”现象。

在一个网络中，任意一对节点间都能够寻找到一条最短路径，网络中每条最短路径中都包含了一些节点。有一些节点，因为其在网络中位置特殊，可能出现在许多对节点间的最短路径中。一个节点在网络所有最短路径中出现的次数或概率，可以作为这个节点位置重要与否的定量判断依据。这种判断依据也被称为介数中心性。介数中心性是一种常用的描述节点在网络中重要程度的指标。除此之外，节点的重要性还可以由其他很多指标决定。比如，一个节点的度的大小，也可以作为它的重要性指标，这一指标也称为度中心性。网络连接矩阵的特征向量是网络的一个重要性质，特征向量中心性将节点的度和节点邻居的度综合在一起，作为其重要性的指标。除此之外，节点重要性的计算方法还有很多，在实际生活中也有广泛的应用，将在本章后面的内容中继续介绍。

聚类与社团结构

生活中我们经常发现，自己认识的两个人，他们常常也互相认识。社会学使用聚类(clustering)来描述这种现象。网络科学也从社会学中借鉴了这一概念。网络中的聚类，是指连通的 3 个节点为一个三角形的现象。网络中聚类发生的概率，通过聚类系数 C 表示。即为在所有连通的 3 个节点的集合中，三角形所占的比例：

$$C=\frac{3\times\text{网络中三角形的数目}}{\text{网络中连通的3个节点的数目}}。$$

聚类系数的值在 0 到 1 之间，网络中可以找到的三角形比例越大，则聚类系数越高。真实网络中的聚类系数值有较大差别。例如，社会网络中的聚类系数可以达到 0.2，而像电网、互联网等工程网络的聚类系数接近于 0。究其原因，网络中的聚类代表了连通性的冗余。工程类的具有高度层级结构的网络中，由于建造成本等问题，节点间的连接往往以链式连接为主，网络中的三角形结构较少。而社会中人与人之间的关系错综复杂，更容易出现社交关系的冗余，也就更易在网络中发现三角形结构。

在计算机领域中，聚类也是一个常见概念。但是与社会学中聚类的意义略为不同，计算机领域中的聚类是指将物理或抽象对象的集合分成由类似的对象组成的多个类的过程，简单地说就是分类的过程。在网络中，与计算机学科中的聚类相对应的概念是社团结构(community structure)。在真实网络中，经常可以见到网络的整体是由几个内部连接非常紧密的子网络松散连接而成。这些子网络即被称为社团结构。例如，图 2.3 中的网络是由明显的 3 个社团结构组合而成。社团结构在社会网络、食物链网及股票市场等多种复杂网络中都很常见。社会网络的社团结构对应了社会中的同学、同事等因共同兴趣或共同工作而形成的互相熟悉的团体。食物链网中的社团结构对应了因地缘因素而生活在同一生态区域内的物种的集合。股票市场中的网络社团结构则对应了股票市场中的板块关系。除用肉眼分辨之外，我们也需要一些计算方法在网络中严格地分割出社团来。分割社团的方法一般分为两类。一类是自上而下的方法，即直接寻找网络中连接最紧密的节点的组合。比如，寻找网络中全连通的 k 个节点，把这些全连通的子图当作网络中的社团。另一类是自下而上的方法，即将网络中与其他节点连接最不紧密的节点从网络中去除，则剩下的部分就是紧密连接的社团结构。例如，网络中的弱连接是网络中与其邻居连接最不紧密的点和边。将这些点从网络中逐渐去除，直到最后剩下的互不相连的子图即为网络中的社团结构。经过科学家们的努力，网络中社团结构的划分算法已经变得快捷有效，在实际应用中也发挥了巨大的作用。

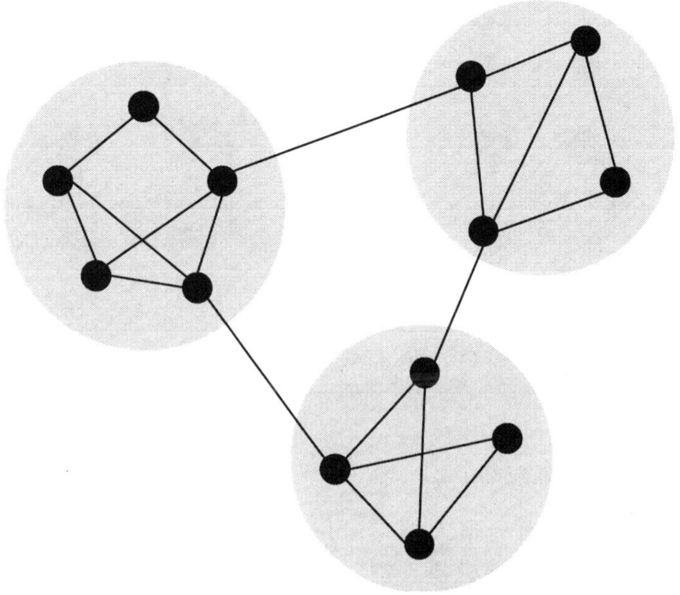

图 2.3 网络中的社团结构。3 组节点紧密地结合在一起，形成 3 个社团。这 3 个社团被松散地连接在一起[1]

模体

模体(motif)是指几个节点间的特定连接模式，它们也被称为建筑网络大厦的砖块。科学家们感兴趣的模体大小通常是 3 个到 5 个，图 2.4 所示为包含 4 个节点的所有模体样式。在这些模体中，4 个节点组成一个连通的整体。

1 图片来自维基百科，通过创作共用许可(Creative Common License)发布。

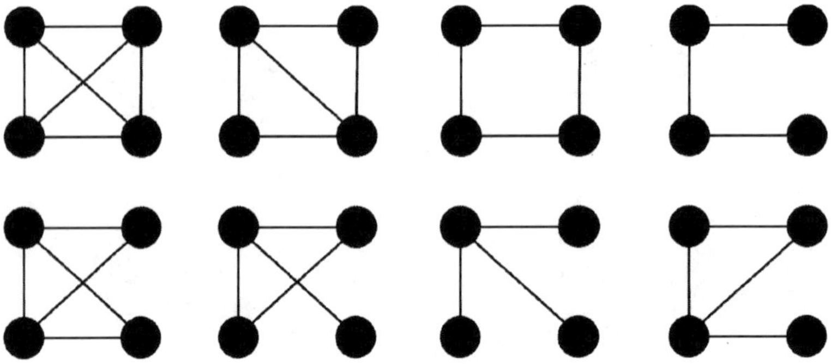

图 2.4　模体的示意图

每个网络中各式模体出现的概率都不尽相同。如果某个模体在一个网络中出现的频率较高，那么这个模体就是这个网络的特征模体。网络中的特征模体被认为可能与生物系统、神经系统、生态系统和工程系统的一些功能特性相关。那么如何判定某个模体在一个网络中出现的概率更高呢？首先需要将这个网络“随机化”。将网络随机化的过程很简单，只需要随机找到网络中的两条边，确保这两条边的端点是 4 个不同的节点，然后交换这两条边的其中一个端点即可。重复这个过程多次，直到网络的同配性趋向于 0，就得到原网络的随机化网络。随机化网络和原网络具有同样的大小和同样的度分布，但是节点间互相连接的特定模式都被打破。用 n_M 表示原网络中模体 M 的出现频次，$\langle n_M^{\text{rand}} \rangle$ 和 $\sigma_{n_M}^{\text{rand}}$ 分别是模体 M 在多个随机化网络中平均出现的频次和标准差，那么模体 M 在一个网络中的统计显著性 Z 可以表示为

$$Z_M = \frac{n_M - \langle n_M^{\text{rand}} \rangle}{\sigma_{n_M}^{\text{rand}}}。$$

在基因调控网络和神经网络中，一种叫做前馈回路的模体出现频率更高，而在万维网的网页关系中，反馈回路的出现频率更高。与此同时，也有学者认为使用网络中的特征模体需要格外的小心，因为只

有在网络大小选择适当的情况下，网络中的特征模体才能映射出系统的功能。但是无论如何，模体给了我们一个从微观层次观察网络的视角。

建立一些物理模型

数学和物理模型的建立，其目的是刻画系统的关键特征以及预测系统的未来趋势。这一节我们介绍 3 个经典的网络模型：随机网络模型、小世界模型和偏好连接模型。这些模型所构建出的网络均可以重现实际网络中的某一个或某一些特征。然而需要注意的是，生活中的复杂网络受到多方面因素的影响，这些简单的模型尚不能够构造出和生活中一模一样的网络来。

随机网络模型

随机网络模型(图2.5)是最早的网络模型，它的历史甚至远远长于网络科学的历史。1969 年，数学家 Erdös 和 Rényi 提出了这种最直接的随机创造网络的过程。因此，随机网络模型也被称为 ER(Erdös 和 Rényi 的首字母)模型。模型首先给定 n 个节点，对于每一对节点，以 p 的概率决定两个节点之间是否存在一条连接。图 2.5 所示为拥有 20 个节点的 3 个随机网络，网络中两个节点间存在连接的概率分别为 0、0.1 和 0.2。我们可以发现网络的结构肉眼观测较为复杂，这已经非常符合当时人们对复杂网络的认知。

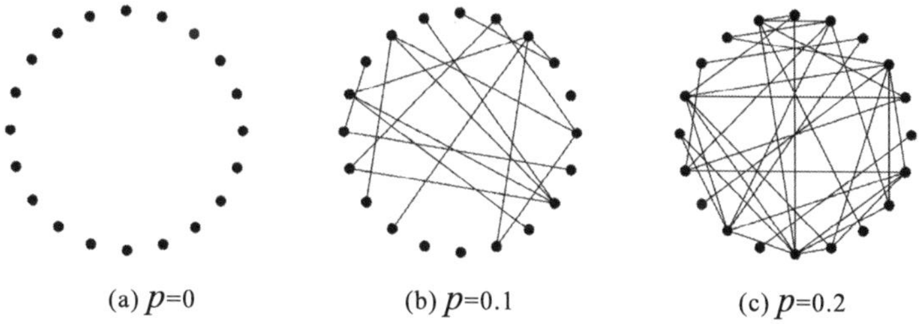

图 2.5　随机网络模型

下面我们从网络拓扑特征的角度仔细分析随机网络模型。随机网络模型所构建的网络的度分布符合二项式分布。网络中任意一个节点和 k 个其他节点相连的概率 $p(k)$表示为

$$p(k)=\binom{n}{k}p^k(1-p)^{n-k}。$$

当网络中的 n 足够大时，$p(k)$也符合泊松分布。这时可以发现，随机网络的度分布和真实网络的度分布相去甚远。

下面我们看看节点间的距离。一个包含 N 个节点的随机网络的平均最短距离 L 可以表示为

$$L=\frac{\ln\left(N/\langle k\rangle\right)}{\ln\left(\langle k^2\rangle/\langle k\rangle\right)}+1。$$

式中，$\langle k\rangle$是节点的平均度。

该式说明，随机网络模型中两个点相连的概率越大，则节点的平均度越大，节点间的距离也越小。在节点间连接概率固定的情况下，网络越大，则节点间平均距离越大。大型随机网络的节点平均距离可以达到十几甚至更多，这也不符合真实的情况。

小世界模型

随机网络模型长期被用来作为社会网络的模型使用，但是它并不能重现社会网络的一些关键特性，比如小世界特性。1998 年，Watts 和 Strogatz 专门针对真实网络中节点间平均距离很短这一特征而设计了小世界模型。小世界模型的构建过程如图 2.6 所示。

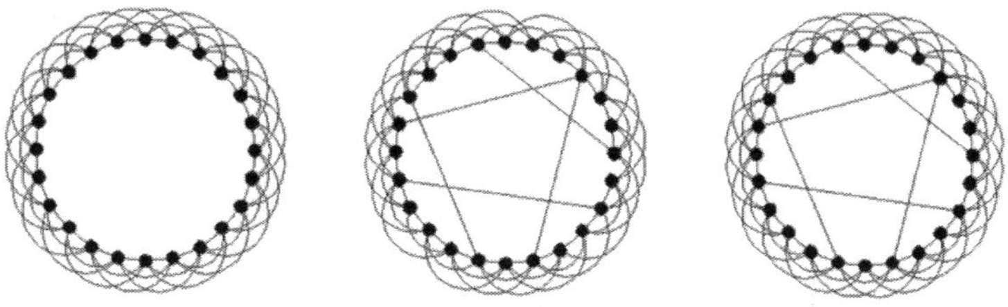

(a) (b) (c)

图 2.6 小世界网络模型的建立过程(图片来源：New man (2003))

首先，模型建立一个环状一维网格，每个节点与其临近的 $2k$ 个节点连接，如图 2.6(a)所示。随后，模型随机抽取网格中的一条边，将之从网络中去除，并随机选择2个节点，将它们连接在一起。边的删除和重连的过程不断重复，就得到小世界网络模型，如图 2.6(b)所示。小世界模型保证了网络中节点间的距离不会变的非常大。节点间平均距离的计算方法为：将网格中被去除的边的比例表示为 p，那么在 p 趋向于 0 时，一维网格中节点间的平均最短距离 L 可以表示为

$$L \sim n / 2k \gg 1\text{；}$$

当 p 趋向于 1 时，节点的平均最短距离 L 约等于随机网络中的节点平均最短距离为

$$L_{\text{random}} \sim \ln n / \ln k\text{。}$$

在网格中的边重连的过程中，网格中不断有新的“捷径”产生，网络中的平均距离也在不断缩小。图2.6(c)为一个略微不同的小世界模型，模型在一维网格中直接加边，并不删除任何已存在的边。这样得到的小世界模型随着重连边的比例增加，其平均最短距离缩短得更快。除了平均距离小之外，小世界网络还具有社会网络的另一个特点：聚类系数大。当网络中去除边的比例 p 趋向于 0 时，网络的聚类系数 $C \sim 3/4$。在 p 趋向于 1 时，网络的聚类系数 $C \approx C_{\text{random}} \sim k/n \ll 1$。小

世界模型因其构建简便，又能重现真实社会网络中的两个最重要特征，即平均距离短和聚类系数大，而广受科学家的欢迎。小世界模型现在也是社会学家进行科学研究所使用的基本模型之一。

偏好连接模型

小世界网络模型虽然可以重现真实网络中的某些特性，但是它也有自己的局限性。小世界模型的度分布并不是人们在真实网络，尤其是工程网络中观察到的幂律分布。Barabási 和 Albert 在 1999 年提出了偏好连接 (preferential attachment)模型，提供了一个生成具有幂律度分布的网络的方法。模型初始时设置了全部连通的几个节点。接下来，模型不断向网络中加入新的节点，并将它们连接在已存在的一些节点上。已存在的节点被选中的概率和它们的度呈正比。假设一个节点 i 的度为 k_i，那么这个节点被新节点连接上的概率为

$$\prod(k_i)=\frac{k_j}{\sum_j k_j}。$$

加入节点的过程不断被重复，在 t 时刻，网络的度分布可以表示为

$$P(k)=-\left(\frac{\mathrm{d}k_i}{\mathrm{d}t_i}\right)^{-1}\sim\frac{t}{k^3},$$

也就是说，网络的度分布符合幂律分布，且幂律指数 $\gamma=3$。

图 2.7 为一个偏好连接模型生成的网络示例。使用偏好连接模型生成的网络，完美地重现了真实网络中幂律度分布的特征。

图 2.7 一个偏好连接模型生成的网络(图片来源：开源计划 GraphStream[1])

此外，这些网络的平均最短距离随着网络的增大也只是以对数形式增加，即

$$L \sim \frac{\ln N}{\ln \ln N},$$

相比随机模型生成的网络要小得多。偏好连接模型的另一个强大之处在于，它还可以模拟现实中网络形成的过程。与随机网络和小世界网络模型需要事先准备好若干个节点及其连接组合作为模型生成的基础不同，偏好连接模型可以几乎从零开始，生成一张巨大的网络。这个过程既像计算机逐渐加入互联网的过程，又像人类不断扩大自己社交圈的过程。鉴于此，偏好连接模型也是目前使用最广泛的复杂网络模型。

网络动力学

网络，在许多情况下仅仅承担了载体的作用。更为复杂的现象往往发生在网络中节点的交互上。例如，互联网是计算机之间通过有线或无线的形式连接在一起的网络，而万维网、在线社交等服务是基于

1 http://graphstream-project.org/doc/Generators/Overview-of-generators_1.0

互联网这个载体进行信息交互的手段。网络中节点交互的过程，也被称为网络的动力学过程。此外，作为载体的网络，其拓扑结构也不是一成不变的。随着节点间的交互，或者时间的推移，网络的拓扑结构也会不停变换。本节我们就来介绍一下网络动力学的基础知识。

游走与搜索

探索一个网络最简单的方法，是从某个节点开始，沿着它的某一条边，走向它的邻居，并不断重复这一过程。例如，在我们浏览网页的时候，通常会选择一个门户网站，从主页中点击新闻链接，并在新闻网页中点击其他的链接，以接收更多的信息。这个过程就是网络中的游走过程。这个过程还可以用来描述人类在交通系统中的移动过程、货品在物流网中的运送过程等等。如果游走过程中节点邻居的选择是随机的，那么这种游走的过程就是随机游走的过程。随机游走过程是一种遍历网络的方式，但是这种游走并不能保证网络中的所有节点都被遍历到。用数学形式来表示，一个度为 k 的节点被遍历到的概率为

$$p_k = \frac{k}{\langle k \rangle}\frac{1}{N},$$

节点的度越大，其被遍历到的概率就越大。节点的这些性质给互联网搜索引擎提供商提供了搜索网页的理论依据。Google、百度这些公司据此不断完善自己的搜索算法，以期搜集到万维网中更多的网页信息。另一个游走的例子是数据包在通信网络中被路由器传递的过程。网络中度大的节点还有另外一个特性，那就是它们更容易出现在网络的最短路径中。因此，那些位于网络中心位置的路由器更加容易被路由算法选为最短传递路径中的一员，这些路由器也就更加容易产生阻塞。现在互联网自制层所使用的新型路由算法，均受到这一现象的启发，而特意在选择路径的过程中尽量避开容易阻塞的节点。

扩散与传播

如果同时选择多个节点为起点开始随机游走，或随机游走可以选择的边的条数为多条，那么游走就变成了扩散。网络中的扩散问题是网络动力学的研究热点之一。疾病在人类社会中传播的过程，是网络中的一种传播过程。传播过程与扩散过程非常相似。在一个网络中，首先将所有节点的初始状态均设为“健康”，然后选取一个或多个种子节点，将这些节点的状态设置为“生病”。接下来，这些种子节点的邻居们都有一定概率被感染为“生病”状态。这个过程不断重复，知道所有节点被感染或某个终止条件被出发位置。这一过程又被称为疾病传播模型。这种传播模型还可以用来描述流言的传播等多个真实世界中的情景。视传播内容的不同和受众的不同，流行病模型还有许多变种。前面提到的只有“健康”和“生病”两个状态的模型叫做 SI 模型(suspected-infected)。如果一个节点的状态从生病可以转为“痊愈”，那么模型就被称为 SIR 模型(suspected-infected-recovered)。数学上可以表示在某一时刻 t 任意网络中度为 k 的节点被感染的数量 $i_k(t)$ 的变化：

$$\frac{\mathrm{d}i_k(t)}{\mathrm{d}t}=\beta k s_k(t)\Theta_k(t)-\mu i_k(t),$$

式中，β 为传播概率；$s_k(t)$ 是度为 k 的节点在 t 时刻被感染的概率；$\Theta_k(t)$ 是时刻 t 度为 k 的节点的邻居被感染的密度；μ 是痊愈概率。

以 SIR 为基础，研究人员试图计算出人类社会中疾病爆发的概率。要想一个网络中某种疾病爆发，那么这个疾病的传播概率和痊愈概率之比需符合

$$\frac{\beta}{\mu}=\frac{\langle k\rangle}{\langle k^2\rangle-\langle k\rangle}。$$

前面说过，人类的社会网络具有长尾度分布的特点，在这种情况下$\left\langle k^2 \right\rangle \to \infty$。也就是说传染阈值不存在，即所有疾病都有可能大规模爆发。

博弈与共识

人是非常复杂的动物。人类社会中意见的形成，远远比前面说的扩散和传播过程复杂。我们用博弈和共识这两个简单的机制来模拟人与人之间的竞争与合作的关系。

博弈(game)是两个或多个参与者(player)主动选择与他人的互动策略而达到自身利益最大化的过程。最经典的博弈问题是囚徒困境：合谋犯罪的两个人被审问，在不能互相沟通情况下，如果两个人都不揭发对方，则由于证据不确定，每个人都坐一年牢；若一人揭发，而另一人不揭发，则揭发者因为立功而立即获释，沉默者因不合作而入狱十年；若互相揭发，则因证据确实，两人都判刑八年。在博弈的过程中，每个参与者都会在所有可能的策略中选择使得自己的利益最大化的策略。如果用$S=\{s_1,s_2,\cdots\}$表示一个参与者在博弈中的策略集合，用$u\left(s_i,s_{-i}\right)$表示参与者在策略集合中选择某一个策略s_i所获得的收益，那么参与者最终选择的策略为

$$u\left(s_i,s_{-i}\right) \geqslant u\left(s_i',s_{-i}'\right), \forall s_i \in S, \forall s_i' \neq s_i 。$$

当对于所有的参与者这个条件都成立时，也就是每个人都觉得自身的利益已经最大化时，我们称系统处在纳什均衡状态。例如在囚徒困境中，不管对方是否揭发自己，一个囚徒揭发对方都能使自己获刑减轻：如果对方揭发，则十年减成八年；如果对方不揭发，则一年变成立即获释。最终，由于囚徒无法信任对方，因此倾向于互相揭发，而不是同守沉默，两个囚徒也就因此同时获刑八年。很显然，这个结果从全局来看并不是最佳的结果，如果两个囚徒信任对方，同时选择不揭发，那么他们两人服刑时间的总和仅为两年，是所有结果中最少

的。在两个参与者的囚徒困境问题中，纳什均衡出现在两人均选择揭发对方的固定情况之下。但是在多个参与者的囚徒困境问题中，纳什均衡并不一定依旧如此。如果我们将参与者随机地联系在一起，组成一个随机网络，然后让每对相邻的节点都不断重复地进行囚徒困境的博弈。与只有两个参与者的博弈不同，每个参与者的每次策略选择，不仅仅影响了与自己直接进行博弈的邻居的收益，更影响了邻居的邻居们的收益。在这样的情况下，仅仅依靠揭发对方并不一定能使自己的收益最大化。因此每个参与者都会不断调整自己的策略，以期达到纳什平衡。我们会发现随着博弈的进行，这个随机网络中的囚徒会产生两种最终状态，一种是网络中只存在揭发者(这与两个参与者的问题相同)，另一种是节点会在揭发者和沉默者之间切换策略，但是网络中两种参与者保持固定的数目。

共识的形成与博弈不同，节点行为大多以模仿为主，例如规定在一场非黑即白的争论中，一方总有一定的概率说服另外一方(当然还有很大的概率不欢而散，这也很正常)。这看似简单的规则，一旦放进了网络的框架里，便会出现许多有趣的现象。例如，将一批人用网络的形式连接在一起，规定每个人都对一件事持有正面或反面的意见，并让邻居们不断交换意见，每次均使他们有同样的概率可以说服其他人。在这样的规则下，网络中也会和囚徒困境问题一样，出现两种稳定的状态，一种是最终所有人均对这件事抱有相同的意见(正面或反面)，或是每个人对这件事持有的态度都有可能改变，但是持每一种意见的人数大致保持不变。另一种共识显得相对温和，如果每个人对一件事的态度不是非黑即白，而是可以有程度的变化，每个人的态度变化均受到身边邻居相同程度的影响，那么系统中所有个体对这件事的态度便有极大的可能最终趋同。在这样的共识系统中，共识的对象可能不仅仅是对一件事物的意见，更可能包括了一切参数具有连续性的特征。比如，更广义的共识也出现在鸟类飞行、鱼群移动、无线传感器网络的通信和多智能体的协同作业中。

结构动力学

网络中的动力学不仅仅体现在节点的属性和意见改变上，在某些情况下，网络结构自身也会产生变化。从网络中不断地去除边，并计算和观察留下的网络是否依旧连通，是研究网络鲁棒性的常用方法。鲁棒一词音译自robustness，原意是强壮的程度，这里引申理解为网络的结构稳定性。从网络中去除边的过程又叫做网络的攻击或渗透(percolation)的过程。对于任意一个网络，从中随机移走一定比例 f 的边，随着 f 的增大，原有网络都会被分为几个不相连的自网络，这时被移走的边的量就是网络渗透过程临界值 f_c：

$$f_c = 1 - \frac{\langle k \rangle_0}{\langle k^2 \rangle_0 - \langle k \rangle_0},$$

式中，$\langle k \rangle_0$ 是初始网络的平均度。

对于一个长尾度分布的网络，$\langle k^2 \rangle_0 \to 0$，因此长尾网络的渗透临界值非常高，即从网络中移走大量的边后网络依旧是一个连同的整体。但是长尾网络也有自己的脆弱性：当被移走的不是随机的边，而是度非常大的节点和与之相连的边时，网络很容易变成不相连的几个子网。

网络拓扑结构的变化有时并不一定单纯的来自对网络结构的人为改动，也可能来自于节点间的互动。比如，社会中产生矛盾的两个个体有可能斩断他们之间的联系，而兴趣相投的个体有可能建立朋友关系。网络动力学和拓扑动力学产生互动的过程，是网络的适应性演化的过程。网络适应性演化在网络博弈行为和生物进化现象中均非常常见，也会是网络科学一个非常重要的理论发展方向。

网络科学的应用框架

网络科学之所以能够被称为一门科学，首先是因为其普适性，许多现实世界的复杂系统均能够抽象成为网络而加以研究，另一个重要的原因，就是网络科学在实际生活中拥有广阔的应用前景。利用网络科学解决实际问题其实并不难，只需要把握住以下的 3 个步骤就可以成功。

第一步，从实际系统中抽取出网络的结构。这一步是至关重要的，也就是说只要正确地从实际系统中找出网络的节点，并且找到节点与节点之间的关系是如何建立的，问题就已经解决了一半。

第二步，当找到了隐藏在实际系统中的网络结构之后，需要确定这个网络包含了哪些特征，例如宏观尺度、微观尺度和动态的网络特征。宏观尺度的网络特征主要指的是网络的度分布、聚类特征与社团结构。微观尺度的网络特征包括单个或几个节点的性质，例如节点间的距离、节点的各种重要性指标、网络模体等。网络动态特征包括传播动力学、网络结构的变化以及两者之间的关系。

最后一步，就是深入了解实际系统，将实际问题和网络的性质对应起来。在大部分的情况之下，系统级别的问题都可以和网络的特征联系起来：判断系统中哪些个体最重要，就是找出重要性最高的那些节点的问题；划分系统的功能模块，这是在网络中寻找社团结构的问题；寻找系统性能受到哪些因素的制约，就是研究网络动力学与网络结构之间关系的问题。这里列出几个典型的方向，供大家参考。

重新审视系统结构

在网络科学发展之前，无论是社会学领域还是工程领域，人们往往都把系统的结构看得非常简单。比如社会学认为社会网络是全连通的网络或者随机连接的网络；工程领域中将电路或网络结构简化为星形结构、环形结构、链状结构等。通过对大量复杂系统的分析，我们知道了无论哪种简化的方法都不能完全代表这些系统的底层结构。利用网络模型重新审视系统结构，给解决实际问题带来了契机。例如，研究证明人际网络是一种符合幂律度分布的网络。疾病在这种结构的网络上的爆发体现出与在全连通或随机网络上爆发所完全不同的特征。具体说来，就是以前流行病学界普遍接受的疾病“传染阈值”这一划分传染病危险等级的重要指标，在大尺度的人类社会中并不适用！无论是多么“安全”的疾病，在具有长尾度分布的人际网络中都有可能爆发。这一惊人的发现从根本上改变了学者们对免疫策略的认知，并促使他们重新设计适合人类社会真实结构的流行病隔离策略。我们将在第七章中详细介绍这一案例。社会中的谣言传播、信息扩散都与流行病爆发有着相似的特征。因此，对人类社会结构的重新认知，将有助于我们有效抵抗谣言的传播，或扩大商业营销的影响。

为系统划分模块

现实生活中，我们经常碰到一些需要将系统成分分类的需求。例如，股市中同时有成千上万只股票在交易，但是人们不可能同时监视如此大数量的股票的走势。因此，将股票根据一定的规则划分为几个“板块”，这样既可以从宏观的角度，又能从微观的角度掌握整个股市的动向。以往的股市板块划分方法，仅关注公司的主营业务成分，认为主营业务相同的股票受到市场中相同经济因素的影响，从而将公司按照行业、概念来分类。但是，如果将股票市场以网络的方法建模，并用社团发现算法对这个网络进行分析，可以得到比传统板块划分方法更精确，且精度可调节的板块划分方法。我们将在第七章中详细介绍这个案例。利用网结社团结构为系统划分功能模块，在社会学、工程学中也有着广泛应用。

系统成分重要性分析

对系统中个体的重要性排序是一个常见的问题。例如，搜索引擎的用户通常只关注前两三条搜索结果；广告投放商的预算通常只够支付两三种投放渠道等等。因此，对搜索结果或广告投放渠道有效性的排序，是非常实际的问题。网络科学为节点的重要性分析提供了许多实用的理论工具。例如，万维网是一个网页和超链接组成的网络。利用这个网络的链接矩阵的特征向量，可以给网页的重要程度打分，这就是著名的 PageRank 算法。对节点进行重要性分析的指标还很多，例如在对抗恐怖分子的斗争中，在掌握了恐怖分子社交网络的情况下，对节点的信息流通重要性进行分析，并开展精确打击，可以达到有效切断恐怖组织的消息传播渠道的目的。

缺失信息的找回

缺失信息的找回和未来的预测其实是一类问题。它们都是在获取了系统部分信息的情况下，推测出未知信息的过程。这类问题在现实中非常常见，例如，在线社交服务中服务提供商需要对用户已有关系进行分析，从而猜测他们还可能在线下与哪些其他用户有交集；又例如，电商平台需要从用户以往的购买记录中分析出这个用户的购买习惯，并预测他将来还会购买什么类型和价位的商品。这些问题在网络科学的理论中也有完善的解决方案；比如，如果两个节点在网络中的距离足够的近，我们就会推测这两个节点可能会产生连接；又比如，如果两个节点的自中心网络的某些结构特征相似，那么我们就可以推测，这两个节点的其他特征在未来也会变得相似。

仿生系统设计

在大自然中经过上千年或上亿年的考验而生存下来的系统，必然有其独到之处。例如，生态网络中的每个物种之间都有捕食或共生的关系。微妙的生态网络中每一年都有许多物种灭绝，但是也有许多新的物种出现在地球上，从而保持系统的延续性。生态系统、社会系统这些富有自我修复能力的演化系统，实际上能为人类自主设计大型系统提供许多思路和灵感。将生物系统的演化特征分析清楚，并应用在电网、互联网、交通网络等基础设施之上，也许有一天我们将不会再听到诸如停电、断网、堵车此类令人崩溃的词语。

本章小结

这一章给出了网络科学的理论框架。图和矩阵的形式可以用来严格的描述我们身边的复杂网络。从宏观、微观的尺度，本章介绍了应该如何刻画网络的拓扑性质。为了解释复杂网络的形成机制和工作机制，科学家们提出了许多物理模型，包括随机网络模型、小世界网络模型、偏好连接模型等等。在网络拓扑结构的基础上，网络动力学被用以抽象发生在网络上的复杂现象。最后，本章提出了如何利用网络的各种特性解决现实生活中实际问题的框架。从下一章开始，本书将根据这一框架，在艺术、金融到人类社会等领域中抽象出复杂网络，透过网络的结构特征和动力学特征进行分析、优化，甚至重新设计这些复杂的系统。

文献注记

Costa 等(2011)总结出了从实际系统中抽象出建立网络的 6 种方式(表 2.1)。

Barabási 和 Bonabeau(2003)提出了无标度网络的概念。Newman (2002)对节点同配性进行了早期的探索。任晓龙和吕琳媛 (2014)总结了网络中节点重要性的排序方法。Newman (2012)对寻找网络中的社团、模块等结构的方法进行了总结。Milo 等(2002)最先开始对网络中模体的寻找，Knabe 等(2008)探讨了模体与真实系统的功能性结构之间的关系。

Erdös 和 Rényi (1960)最早提出了随机网络的模型。Watts 和 Strogatz (1998)提出了小世界网络模型。Barabási 和 Albert(1999)提出了偏好连接的模型。

Noh 和 Rieger(2004)分析了复杂网络中随机游走的若干问题。Kleinberg(2000)对小世界中的导航过程进行了初步探索。Kleczkowski 和 Grenfell(1999)最早对复杂网络中的疾病传播现象进行研究。Szabóa 和 Fáthb(2007)对网络上的博弈问题进行了系统性的探讨。Dorogovtsev 和 Mendes(2002)对网络中的渗透问题和网络鲁棒性进行了概述。Gross 等(2006)对网络动力学和网络结构演化之间的关系进行了早期探索。

PageRank 算法最早出现在 Brin 和 Page(1998)撰写的论文中。Clauset 等(2008)最早对链接预测的方法进行探索。Boginski 等(2006)对

Clauset 等(2008)最早对链接预测的方法进行探索。Boginski 等(2006)对股票市场中的网络结构作出了有趣的探索。Small 等(2007)证明了利用复杂网络模型预测疾病爆发趋势是可能的。

第三章

利用网络作曲

前两章我们介绍了网络科学的缘起和网络科学的主要知识体系。这一章，我们从音乐开始，详细地说明网络科学是怎样在实际生活中发挥作用的。首先，我们从乐曲中找到复杂的网络结构，也就是说，网络中的节点对应了音乐中的什么元素，网络中的边又是怎样形成的；然后，我们分析各种不同音乐作品的网络结构特征，试图寻找不同音乐类型间的异同；最后，我们使用网络中的动力学过程，从音乐网络中变出新的乐曲来。

音乐

音乐是最古老的艺术形式。音乐的历史几乎和人类的历史同时出现，最早的书写记录下来的乐谱可以追溯到四千年前的印度。经过数千年的发展，音乐的门类早已变得错综复杂。不同的文化地域，如中国、欧洲、印度、非洲等都有自己的音乐形式。每种文化的音乐各个时期的表现也不尽相同，如古典乐、民乐、流行乐等。从作曲方法上来看，音乐也分为几个流派，有如欧洲古典音乐中严谨的作曲法需要将演奏的音符完整地记载在乐谱上，也有如蓝调等即兴演奏的音乐家随性奏出无法预判的曲子来。虽然不同文化、不同流派的音乐在风格、表达方式等方面大不相同，但是好的音乐总是能给人带来愉悦的享受。

虽然音乐的表现形式非常复杂，但是音乐的组成要素非常简单，它只是特定的声音和停顿的组合。其中，声音也只有四个元素：音高（即声音的频率）、节奏（即声音的时长）、音色（即发声体材料）和质地。将不同的声音排列在一起形成悦耳动听的组合就是作曲。作曲总是被认为是只有具有音乐天赋的人才能完成的工作。更加具有天赋的作曲家还可以边弹奏边作曲，在众人面前完成即兴的创作。那么，为什么作曲家们写下的声音排列组合是音乐，而大部分人随意写下的都是噪声呢？作曲中到底蕴含了什么样的科学奥谜呢？这些问题的答案一直以来都是个“谜”。

纵然如此，对这个谜题的数理分析也是贯穿古今。早期尝试分析音乐的不乏巴赫、贝多芬等大作曲家。巴赫所做的乐曲至今都被人们认为拥有数学的美感，他的某些音乐篇章甚至正着演奏和反着演奏都可以形成曲调。现在的科学家们也会运用统计、语义网络、神经网络等方法分析音乐。这些研究的目的，都是为了找到好音乐中的共同特质，从而解开作曲的秘密。这也是我们要做的事情。

在开始使用数学、物理的工具分析音乐之前，我们先来了解一下音乐数据的获取方式。在市场上，我们可以随处可见以 CD、MP3 等数字化方式封装起来的音乐。在这些音乐格式中，声音以声波的形式被记录下来，并以有损数据压缩的形式被转化为数字格式。再次播放时，数字格式的声音被解压缩，最终以非常接近原来声波的形式播放。CD、MP3 等格式的数据，储存的是声波的信息，声音的四个基本要素：音高、时值、音色和质地都被忠实地记录下来，重新播放时能够高度还原录制时的音乐的本来面目。但是对于我们来说，这些数据中包含了太多的冗余信息。如果只需要记录音乐中最基本的元素，则可以使用另一种音乐的数字化格式——MIDI。MIDI 是乐器数字接口(musical instrument digital interface)的简称，通常用来保存和播放数字化乐器，如电子琴、电吉他等的声音。声音的四个元素被分成三组数据记录下来：音色和质地是以乐器的名称表示，如钢琴、小提琴、大提琴等；音高是用一个 0~127 范围内的整数表示，其中数字“60”代表标准音高(C5、中音 Do)，其他数字则以半音为单位依次相加或相减；时值用两个事件来表示，即某一个音高的开始和这一个音高的结束。MIDI 文件的格式示意见表 3.1。这段旋律的顺序表示为：音高 1 在时间 1 开始演奏，在时间 3 结束；音高 2 在时间 2 开始演奏，在时间 4 结束；音高 3 在时间 5 开始…… MIDI 格式可以用来记录电子乐器演奏的音乐，也可以用来记录标准乐谱。我们从互联网上寻找了一系列由乐谱转换而来的 MIDI 格式文件作为数据来源，其中包括了莫扎特、肖邦、巴赫等作曲家的古典音乐以及周杰伦、邓丽君等流行乐手的歌谱。

表 3.1 MIDI 文件存储格式示意

时间	音符	事件
时间 1	音高 1	开始
时间 2	音高 2	开始
时间 3	音高 1	结束
时间 4	音高 2	结束
时间 5	音高 3	开始
…	…	…

音乐中的复杂网络

要构造音乐中的复杂网络，首先要做的是找到网络的节点和边分别对应了什么。翻开一本五线谱(图 3.1)，首先映入眼帘的是一只只“小蝌蚪”，因此，自然地，“小蝌蚪”们就是网络中的节点。我们对节点的严格定义是：音符是由某个音高和某个时值组成的一对向量。每个不同的向量，是网络中的一个节点。比如，图 3.2 中的八分音符的 C5 和四分音符的 C5，对应的向量分别是(C5,1/8 拍)和(C5,1/4 拍)，是网络中不同的两个节点。但是对于出现在乐谱不同位置的同一音符，比如出现在第一行的八分音符 C5 和出现在第四行的八分音符 C5，则是网络中的同一个节点。

那么音乐的网络中一共有多少个节点呢？MIDI 文件中的代码可以表示 128 种不同的音高(而钢琴上只有 88 个键)，每种音高有 20 种时值：全音符、二分音符、四分音符、八分音符、十六分音符、三十二分音符、六十四分音符以及各种时值组合成的连音等，共得到 2560 个不同的向量，这代表了网络中最多会有 2560 个完全独立的节点。

网络中的边代表节点与节点之间的关系。音符在乐谱中有两种明显的关系：一是按时间顺序出现，从而形成了旋律或节奏；二是同时出现，形成了和弦或伴音。按音符出现顺序而定义的边简称为时间边，

图 3.1　巴赫的乐谱手稿(图片来源：WikiMedia[1])

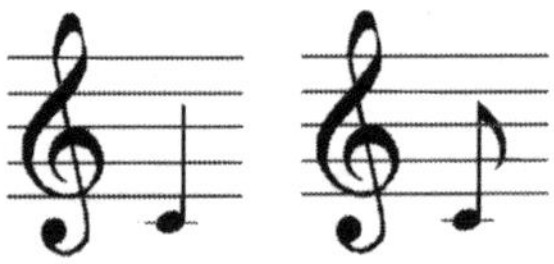

图 3.2　四分音符的 C5 和八分音符的 C5

1 http://commons.wikimedia.org/wiki/Johann_Sebastian_Bach

即如果音符 i 和音符 j 相继在乐谱中出现，音符 i 开始于时间 T，音符 j 开始于时间 $T+\Delta t$，且没有其他音符在时间 T 和 $T+\Delta t$ 之间开始，那么音符 i 和音符 j 之间就存在一条时间边，如图 3.3 所示。图3.4(a)为一个从巴赫的小提琴独奏曲中抽取出的由时间边构成的音符网络。当和弦、伴音等现象出现时，我们可以在音符之间定义共现边，即如果音符 i 和音符 j 在同一时间 T 开始演奏，那么音符 i 和音符 j 之间就有一条共现边，如图 3.5 所示。用共现边构成的网络，可以用来分析音符之间的和弦、共生等关系。图 3.4(b)为一个从巴赫的小提琴独奏曲中抽取出的由共现边构成的音符网络。在图 3.4 中，点和边的颜色均有深浅之分。颜色越深则代表这一个点或这一条边在乐谱中出现的次数越多。只用时间边构建的音符时间网络和只用共现边构建的音符共现网络分别包含了两种完全不同的意义：时间网络包含的是旋律的信息，共现网络包含的是和弦的信息。

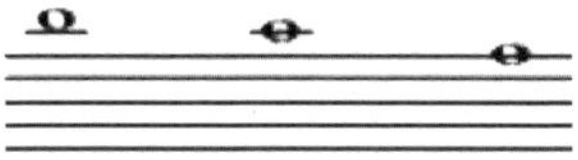

(a)

(b)

图 3.3 图(a)中的旋律可以转化为图(b)中音符以时间边相连的网络

小提琴是古典音乐中比较特殊的一种乐器，演奏者绝大部分时间只能同时演奏一个音符。因此，从小提琴独奏曲中抽取出的网络，大部分边都是时间边。但是，使用其他乐器，如钢琴曲、交响乐等演奏的乐曲中，和弦、伴音等同时出现的音符非常频繁。假如 2 个包含 3 个音符的和弦在乐谱中先后出现，那么在时间网络中最多就需要使用 3×3=9 条边来反映节点间的关系。这时，共现网络就会变得很大且边的密度非常大。但是，这 9 条边并不是每一条都代表旋律的走向。因此，为了依旧能够构造合理的时间网络，我们必须把包含和弦的相对复杂的乐谱转换成单一的旋律。为了达到这个目的，我们使用了“天际线

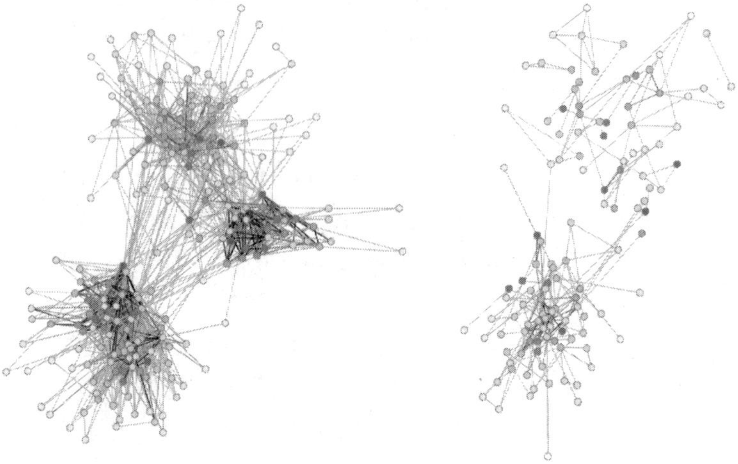

(a) 只包含时间边的网络　　(b) 只包含共现边的网络

图 3.4　从巴赫的小提琴独奏曲抽取出的音符网络

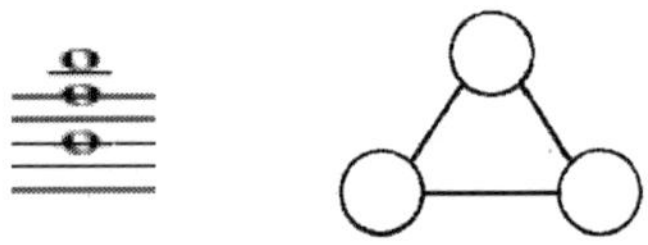

(a)　　(b)

图 3.5　图(a)中的和弦可以转化为图(b)中音符以共现边相连的网络

(skyline)”的旋律抽取方法。图 3.6 为乐谱中抽取的一段旋律。色块为乐谱中音符的音高和时值的二维表达。对于一个给定的乐谱，天际线算法找到并保存那些同时出现的声音中音高较高的那个音符，并把其余音高较低的音符全部删除。这是因为人在聆听音乐的时候，往往最注意音高高的旋律，而将其他声音当成背景音而忽略。保留最高的音符，和从远处观察一个城市时看到最高的楼房所组成的图案是一样的，因此这种方法被称为天际线。

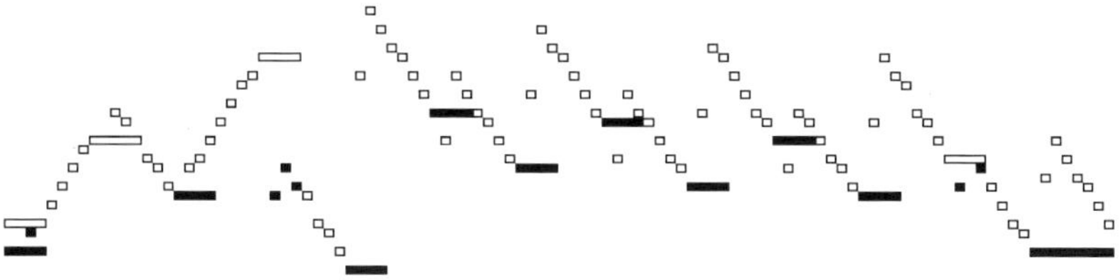

图 3.6　乐谱的“天际线”转换方式

(空心色块为保留的声音，实心色块为被忽略的声音)

音乐网络的结构分析

为了找到不同类型音乐的音符网络中的异同之处，我们选取了古今中外几个著名的作曲家和歌手的音乐来构建复杂网络。用以作为实验对象的乐曲如表 3.2 所示，其中包含古典音乐作曲家巴赫的十二平均律两册共 72 篇乐谱、小提琴独奏曲和协奏曲共 31 篇乐谱；肖邦的二十四首前奏曲共 24 篇乐谱、小夜曲共 19 篇乐谱；莫扎特的编号为 KV457、KV487、KV525、KV545 的共 26 篇乐谱，以及流行音乐人周杰伦的《不能说的·秘密》中的 13 首歌的伴奏部分乐谱。其中值得注意的是巴赫的十二平均律和肖邦的二十四首前奏曲。在一个八度中，一共有 12 个不同的音高，以半音为单位相隔。以每一种音高为主音，

表 3.2　作为实验对象的乐谱列表

艺术家	作品名	乐谱数量	流派
巴赫	十二平均律第一册	48	古典
	十二平均律第二册	24	古典
	小提琴独奏曲和协奏曲	31	古典
肖邦	二十四首前奏曲	24	古典
	小夜曲	19	古典
莫扎特	KV457、KV487、KV525、KV545	26	古典
周杰伦	不能说的·秘密	13	流行

分别可以得到一组 7 个音调组成的大调和一组 7 个音调组成的小调。在大调中，从主音开始，每一个音调依大调音程(全音、全音、半音、全音、全音、全音、半音)上升直至高八度的主音调；在小调中，从主音开始，每一个音调依小调音程(全音、半音、全音、全音、半音、全音、全音)上升直至高八度的主音调。巴赫在二册十二平均律中对 12 个音高分别作了 3 首大调曲和 3 首小调曲，肖邦在他的二十四首前奏曲中对 12 个音高分别作了 1 首大调曲和 1 首小调曲。可以说，将巴赫的十二平均律和肖邦的二十四首前奏曲作为整体来看，12 个音调中每一个音调被使用到的概率几乎是相等的。

依照上一节介绍的从乐谱中构造网络的方法，我们对这七组作品分别建立时间的音符网络和共现的音符网络，并对网络的拓扑结构做以下几项统计：

(1) 音乐的长度 T。即乐谱中音符的数目，重复出现的音符被重复计数。

(2) 网络中节点的总数 N。即乐谱中共包含多少个不重复的音符。

(3) 网络中边的总数 M。网络中节点和边的总数反映了网络的大小。

(4) 节点的平均度 $\bar{k}$。即音符网络中每个音符平均与多少个其他音符相连，这一数字可以由公式 $\bar{k} = N/2M$ 得出。

(5) 网络中节点间的距离。包含节点间的平均最短距离 $\bar{d}$ 和网络的直径 $d_{\max}$，网络中每个节点间的最短距离可以由 Floyd-Warshall 算法算出，其中距离最长的最短路径的长度是网络的直径。

(6) 聚类系数 C。聚类系数计算网络中任意 3 个连同的节点间形成三角形的概率。

(7) 网络的度分布。节点度的分布所符合的规律。

表 3.3 和表 3.4 分别给出了时间网络和共现网络的拓扑结构特征。需要说明的是，对所有古典音乐作品，为构建网络的公平起见，我们只选取了前 18 000 个音符。但周杰伦的流行乐谱因长度所限，只有 8000 多个音符。从表 3.3 和表 3.4 中大致可以看出，在乐谱长度选择大致相同的情况下，不同音乐的网络特征，如网络的平均距离、同配性等都

基本相同。但是具有不同音乐特点的作品，在某些网络特征上也有一定的差别。比如，巴赫的十二平均律、肖邦的二十四首前奏曲形成的时间网络，边的密度比其他网络大，网络直径小，聚类系数较高。这是因为在前面提到的这些作品中，作者刻意使用各种不同的调性编曲的缘故。而肖邦的《小夜曲》、莫扎特的一系列作品和周杰伦的流行音乐，都只局限在某几种特定的调性中，因此时间网络中的节点数目相对较少。在共现网络中，肖邦的《小夜曲》有着最大的网络大小，这是因为《小夜曲》曲式繁复，存在大量的和弦。此外，在音符网络中往往存在社团结构，具有相近的时值、处于同一个和弦中的音符之间的连接往往更加紧密。这些都是由曲子的节奏、调性所决定的。

表 3.3 时间网络的拓扑结构特征

作品	T	N	M	$\bar{k}$	$\bar{d}$	d_{max}	C
巴赫的十二平均律第一册	18 000	589	8955	15.2	3.1	11	0.23
巴赫的十二平均律第二册	18 000	726	14 476	19.9	2.8	9	0.34
巴赫的小提琴曲	18 000	301	3797	12.6	3.0	10	0.37
肖邦的二十四首前奏曲	18 000	721	13 397	18.6	2.8	8	0.28
肖邦的《小夜曲》	18 000	899	9718	10.8	3.5	16	0.11
莫扎特的作品	18 000	509	4005	7.9	3.4	12	0.16
周杰伦的《不能说的·秘密》	8386	340	2377	7.0	4.2	22	0.15

表 3.4 共现网络的拓扑结构特征

作品	T	N	M	$\bar{k}$	$\bar{d}$	d_{max}	C
巴赫的十二平均律第一册	18 000	554	3087	5.6	3.0	7	0.18
巴赫的十二平均律第二册	18 000	681	3115	4.6	3.3	9	0.13
巴赫的小提琴曲	18 000	223	563	2.5	3.9	10	0.25
肖邦的二十四首前奏曲	18 000	659	2636	4.0	3.6	9	0.22
肖邦的《小夜曲》	18 000	807	3409	4.2	3.4	10	0.28
莫扎特的作品	18 000	446	1745	3.7	3.4	9	0.23
周杰伦的《不能说的·秘密》	8386	276	849	3.1	3.4	8	0.16

图 3.7 给出了 7 组音乐作品形成的时间网络的度分布情况，图中 k 表示节点的度，$p(k)$ 是网络中任意节点的度为 k 的概率。可以看出，在双对数图上，这 7 个网络的度分布都呈直线，表示它们可能都符合幂律分布。因此，我们对网络中节点度分布、节点强度分布和边的权重分布进行幂律分布的最小二乘法拟合和拟合吻合度检定。表 3.5 所示为 7 个时间网络中的节点度分布幂律指数 $\gamma_{度}$、节点强度分布幂律指数 $\gamma_{强}$ 和边的权重分布幂律指数 $\gamma_{边}$。因为时间网络中的边是具有方向性的，所以节点的度分布可以被细分为入度分布(入)、出度分布(出)以及出、入度之和的分布(总)。节点强度的分布亦然。拟合的吻合度使用 Kolmogorov-Smirnov 检验，大部分检验结果表明这些网络的分布确实符合幂律分布。这些幂律分布的幂律指数均落在 1~2 的区间内，体现出惊人的相似性。也就是说，所有好听的音乐，无论西方还是东方，无论古典还是流行，都有着无标度、小世界等关键的网络特征！

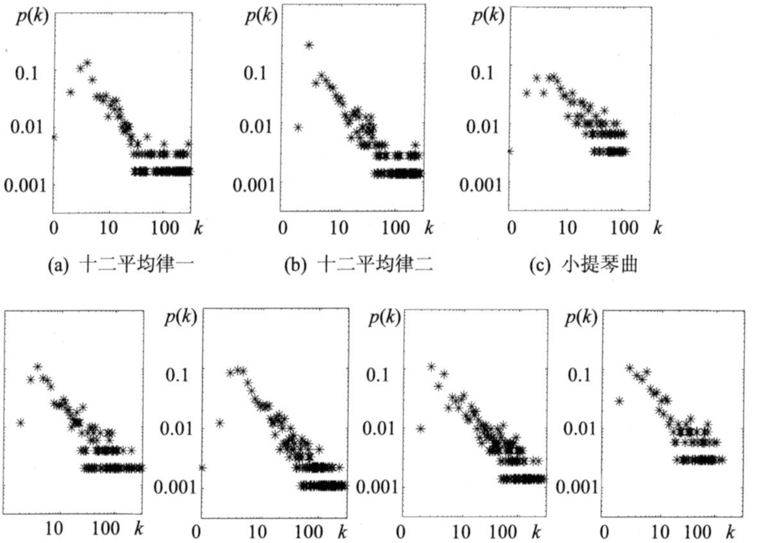

(a) 十二平均律一　(b) 十二平均律二　(c) 小提琴曲

(d) 莫扎特　(e) 小夜曲　(f) 二十四首前奏曲　(g) 不能说的·秘密

图 3.7　7 个网络的度分布在双对数图上的表示

表 3.5 时间网络度分布情况

作品	$\gamma_{度}$		$\gamma_{强}$		$\gamma_{边}$	
	$\gamma_{度}$(入/出/总)	拟合误差	$\gamma_{强}$(入/出/总)	拟合误差	$\gamma_{边}$	拟合误差
巴赫的十二平均律第一册 (Bach WTC I)	1.60/1.28/0.65	(0.07/0.12/0.73)	1.63/1.31/0.69	(0.10/0.09/1.21)	2.02	(0.01)
巴赫的十二平均律第二册 (Bach WTC II)	1.43/1.57/1.34	(0.03/0.10/0.03)	1.46/1.58/1.42	(0.05/0.12/0.05)	2.97	(0.00)
巴赫的小提琴曲 (Bach Violin Sonata)	0.99/0.59/0.68	(0.10/0.36/0.25)	0.91/0.68/0.72	(0.41/0.81/0.75)	2.06	(0.00)
肖邦的二十四首前奏曲 (Chopin Op.28)	1.48/1.48/1.38	(0.04/0.03/0.03)	1.56/1.45/1.65	(0.14/0.07/1.17)	4.72	(0.00)
肖邦的《小夜曲》 (Chopin Nocturne)	1.09/1.26/1.17	(0.18/0.08/0.12)	1.12/1.28/1.19	(0.29/0.08/0.15)	2.31	(0.00)
莫扎特的作品 (Mozart)	1.19/1.42/1.38	(0.20/0.03/0.05)	0.67/0.74/0.72	(1.26/0.92/1.05)	2.48	(0.00)
周杰伦的《不能说的·秘密》 (Jay Secret)	1.40/1.44/1.17	(0.05/0.04/0.13)	1.17/0.74/0.82	(0.26/0.76/0.80)	3.46	(0.00)

从网络中作曲

从音符网络中我们找到了不同音乐家所做的音乐之间的共性特征，比如网络的无标度性和小世界特性。那么，如果好音乐都有这些网络特征，我们是不是也可以重新创造具有这些特征的好听的音乐呢？本节，我们对使用网络作曲进行第一次的尝试。

最朴素的音乐，其实就是由一串音符组成的旋律。那么，我们只需要从音符网络中抽取出一个节点的序列，就形成了一段旋律。而从网络中找出节点序列的最简单方法就是随机游走。网络中的随机游走过程细节如下：首先，随机选取网络中的一个节点；然后，从这个节点跳转至这个节点的某个邻居节点，并不断重复这个过程直到达到某个终止条件。这样一来，游走过程遍历到的节点，就可以串联起来形成音符的序列，也就是一段旋律。在音符网络中，从一个节点的所有邻居节点中选择下一个跳转到的目标有许多种方式，其中最简单的是在所有节点中随机的选取一个。除此之外，还可以对节点或边赋予权重，并根据权重的大小调整节点或边被选择到的概率。以下是我们采用的几种作曲方案的定义和比较。

基于边的权重的随机游走（边权重游走）

游走开始于网络中随机选取的一个节点 A。它的邻居节点 B 被选择作为下一节点的概率和 $A \rightarrow B$ 的边的权重成正比。节点 B 被选中之后，按照此规则，选择节点 B 的某个邻居节点作为下一节点。重复这一过程，一段旋律就可以被创造出来。

基于节点度的随机游走（节点度游走）

游走开始于网络中随机选取的一个节点 A。它的邻居节点 B 被选择作为下一节点的概率与节点 B 的度成正比。节点 B 被选中之后，按照此规则，选择节点 B 的某个邻居节点作为下一节点。重复这一过程，一段旋律就可以被创造出来。

基于节点的强度的随机游走(强度游走)

游走开始于网络中随机选取的一个节点 A,它的邻居节点 B 被选择作为下一节点的概率和节点 B 的强度成正比。节点 B 被选中之后，按照此规则选择节点 B 的某个邻居节点作为下一节点。重复这一过程，一段旋律就可以被创造出来。

下面我们就可以选择一个网络，并从中抽取出一段旋律来。这里选择的是巴赫的小提琴作品中的音符网络。巴赫小提琴作品中，各种音乐调性的乐曲长度比例为：A 小调：B 小调：C 大调：D 小调：E 大调：G 小调 = 1：6：1：3：3：1。这里的长度指的是乐谱中音符的总数。在网络中随机游走时，首先，我们会特意定下一个调式，并限制随机游走选择的音符只能是这个调式中的音符。我们在作曲时也可以根据原来的音乐中不同调性的乐曲长度比例作出几段新的旋律。

我们选择的巴赫小提琴曲网络是从长度为 18 000 个音符的乐谱集中构建出的。同样的，随机游走算法所生成的旋律长度也为 18 000 个音符。这些旋律也都可以各自构建出一个音符网络。表 3.6 所示为原网络和各种随机游走算法所生成的音乐网络参数的对比。可以看出，在乐曲长度保持一致的情况下，随机游走算法产生的网络各种参数与原网络相似，但是节点数偏少。这是因为，对节点权重的设置使得游走更容易“被困”在网络的中心节点范围内。由于音乐网络的自相似性，网络中心节点之间的网络和整个网络的各种参数都非常相像。在我们对作出的音乐的体会中，基于边的权重的随机游走，作出的音乐似乎更加动听。图3.8为一段从网络中作出的新曲，新曲保留了原曲的一些风貌。我们在一些公开场合下让一些听众听取了随机游走算法所作出的乐曲，他们对新曲所包含的巴赫风格感到非常惊讶！

在音符的时间网络中使用随机游走算法的方法，仅仅能够作出单一旋律的乐曲来。但是在音符的共现网络中，还保留了许多和弦、伴音等音乐特性。于是，这里也探索将共现网络加入作曲的方法，以使得做出的音乐更加动听。同时，随机游走也将尽量把范围扩大，以遍历到网络中更多的节点。

表 3.6 巴赫小提琴网络中随机游走生成的新音乐网络的参数

参数	原网络	边权重游走	节点度游走	强度游走
T	18 000	18 000	18 000	18 000
N	229	204	185	133
M	1965	1749	1793	1253
$\bar{k}$	8.6	8.6	9.7	9.4
$\bar{d}$	3.1	3.0	2.9	2.9
$d_{\max}$	9	7	7	7
C	0.34	0.37	0.42	0.52
$\gamma_{度}$ (入/出/总)	1.0/1.0/1.0	0.9/1.1/1.1	0.8/0.9/1.0	0.8/0.8/1.3
$\gamma_{强}$(入/出/总)	1.0/1.0/1.0	0.7/0.8/1.0	0.9/0.9/1.0	1.5/1.4/1.0
$\gamma_{边}$	1.2	1.2	0.9	1

图 3.8 使用基于边的权重的随机游走算法作出的一段乐曲

含共现边的随机游走

这一游走方法类似与基于边权重的随机游走，游走开始于网络中随机选取的一个节点 A。它的邻居节点 B 被选择作为下一节点的概率和 $A \to B$ 的边的权重成正比。这里，时间网络的边和共现网络的边同时被考虑。无论哪个网络中的边被选中，这条边的权重都相应减 1。如果 $A \to B$ 的边是时间网络中的边，那么节点 B 的某个邻居节点将作为下一节点被选取。如果 $A \to B$ 的边是共现网络中的边，那么游走过程继续从节点 A 开始，并且共现网络中的边暂时不会被考虑。这样抽取出的新音符序列中，有同时出现的音符，也有先后顺序出现的音符，使得作出的曲目中增加了和弦和伴音。

这一次，我们使用莫扎特的音符网络作为原网络(种子网络)，将基于边权重的随机游走和含共现边的随机游走这两个方法运用在这个网络上作曲。表 3.7 和表 3.8 总结了新曲所构造的时间网络和共现网络的结构特征。总的来说，在网络中运用随机游走的方法作曲是可以生成一些包含了原曲特征的旋律的。但是，纯粹使用随机游走产生的音乐还无法满足人类正常欣赏的需求，生成的旋律中还存在一些严重的问

表 3.7　莫扎特 KV525 网络中随机游走生成的新时间网络的参数

参数	原网络	边权重游走	含共现边的随机游走
T	3464	3616	3777
N	136	102	124
M	1486	1393	1484
$\bar{k}$	10.9	13.7	12.0
$\bar{d}$	2.6	2.4	2.5
$d_{\max}$	9	6	6
C	0.36	0.44	0.44
$\gamma_{度}$(入/出/总)	1.2/1.2/1.1	1.5/1.3/1.0	1.4/1.6/1.5
$\gamma_{强}$(入/出/总)	1.4/1.8/1.1	1.9/1.7/1.2	1.6/1.5/1.5
$\gamma_{边}$	2.2	2.3	2.2

表 3.8　莫扎特 KV525 网络中随机游走生成的新共现网络的参数

参数	原网络	边权重游走	含共现边的游走
T	3464	3616	3777
N	116	78	82
M	229	136	124
$\bar{k}$	2.0	1.7	1.5
$\bar{d}$	3.7	4.3	4.2
$d_{\max}$	8	10	9
C	0.15	0.28	0.16

题，比如：音高跳跃明显、旋律节奏紊乱等。很明显，在随机游走的过程中，一些音乐特质被忽略了。因此，我们需要对音乐的特征进行进一步的研究，并找出音符网络构造过程中所忽略的音乐特质，以改进作曲的方法。

音乐动机与网络模体

音乐动机(motive)这一概念是德国音乐评论家冯・乌尔索根(H.P. von Wolzogen，1848~1938)最先提出。音乐动机被称为音乐的核心组织细胞结构，是音乐结构的最小单位。音乐动机由具有特性的音调及至少含有一个重音的节奏型构成，是乐思发展的素材。纵观人类音乐历史，几乎每首乐曲都包含了它自己的动机。音乐动机用以在乐曲中象征某一特定人物、境界、事物或概念等的主题。每当这一主题再出现时，其动机亦反复出现，但是每次出现的时候节奏和音程均略有变动，从而使得音乐围绕一个主题生动的表现出来。大家最耳熟能详的音乐动机莫过于贝多芬命运交响曲中“短-短-短-长”的片段，如图 3.9 所示，这一片段又被形象地比喻为“命运在敲门”。

和音乐一样，每个网络也都由一些微观的核心结构连接而成。在 2~5 个节点的尺度，这种核心结构被称为网络的模体(motif)。模体是少量节点

图 3.9　贝多芬命运交响曲的音乐动机

特定模式的连接组合。在社会网络、生物网络等大多数的实际网络中都能找到模体，这些模体的样式各不相同，但是都和系统的功能性相关。图 3.10 所示为两个简单的网络模体的例子。音乐的动机(motive)和网络的模体(motif)的英文单词使用了同一个词根，具有语义上的相似性。在这一节中，我们将寻找音乐网络中的模体，并且探讨网络模体和音乐动机之间的关系。

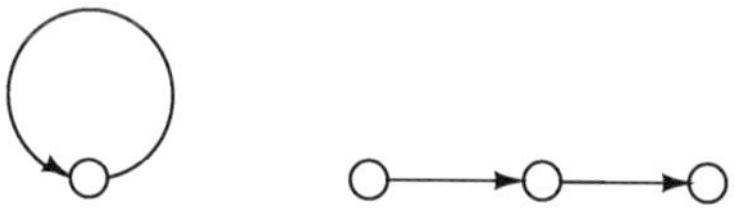

(a)　(b)

图 3.10　网络模体的例子

音乐动机的简单定义为重复出现的音符段落。鉴于音乐动机经常包含多于 5 种不同的音符，结构比较复杂，完全相同的音符段落出现的概率并不高。因此，我们将一段由音高和时值两个维度的信息组合而成的音乐分解为仅由音高组成的旋律序列和仅由时值组成的节奏序列，并定义重复出现的长度为 2~5 个元素的音高或时值段落为音乐的旋律动机和节奏动机。图 3.9 所示的命运交响曲的音乐动机的对应旋律动机和节奏动机如图 3.11 所示。

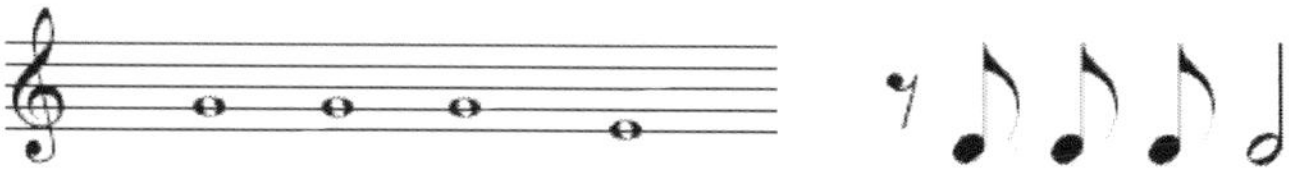

图 3.11　命运交响曲动机的音高和时值分解

我们使用日本儿歌《里之秋》建立音乐网络(乐谱见图 3.12，这首歌被邓丽君翻唱的版本叫做《又见炊烟》)。首先，将这份乐谱分解为旋律和节奏 2 个序列，然后使用这两个序列构造旋律网络和节奏网络，如图 3.13 所示。这两个网络的构造方法和从乐谱构造音符的时间网络相同，不同的是网络中每个节点只包含音高或时值一种信息。显而易见的是，一个复杂的音符网络已经被简化为了非常简单的两个网络。在《里之秋》中的旋律和节奏动机和对应的网络模体分别见表 3.9 和表3.10。

图 3.12 日本儿歌《里之秋》的乐谱片段

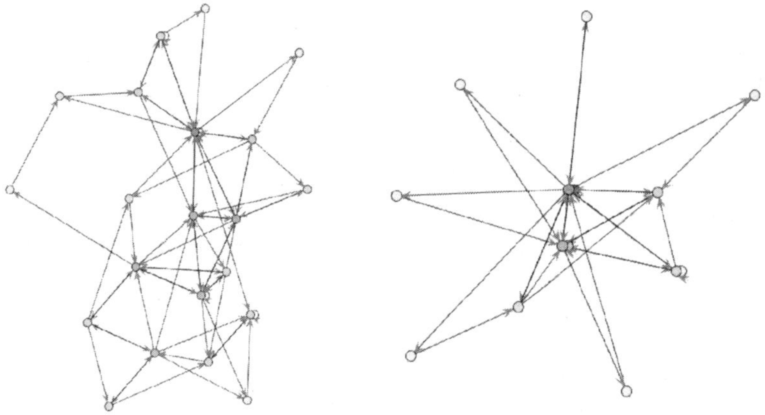

(a) (b)

图 3.13 《里之秋》的旋律网络(a)和节奏网络(b)

表 3.9 旋律动机及其在网络中的表示形式

序号	旋律动机	网络模体	出现频率
T1			6
T2			6
T3	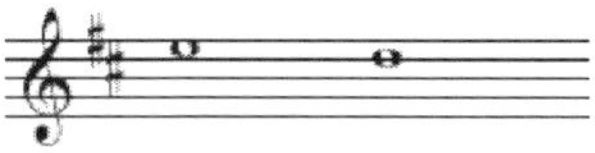		7
T4	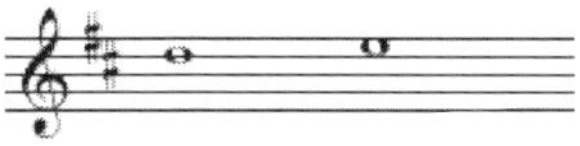		6
T5			4
T6			4
T7			4
T8	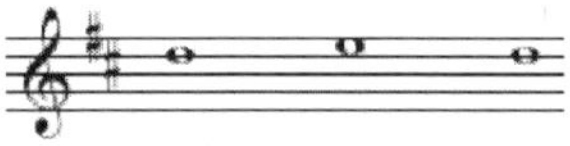	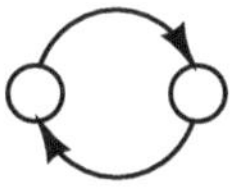	3
T9		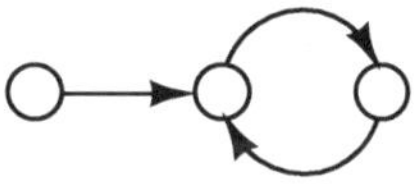	3
T10	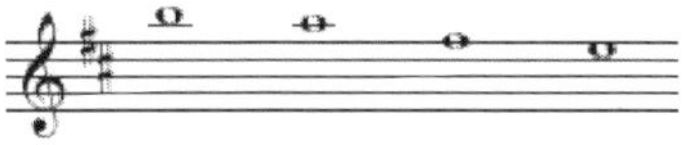		4
T11	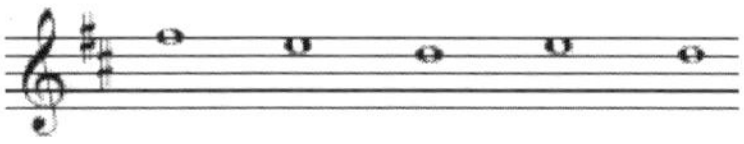	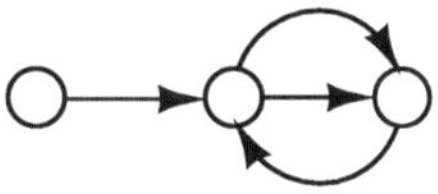	3

表 3.10 节奏动机及其在网络中的表示形式

序号	节奏动机	网络模体	出现频率
R1			7
R2			25
R3			7
R4			6
R5		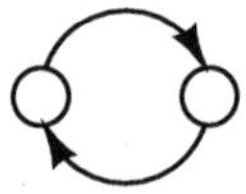	6
R6			12
R7			4
R8		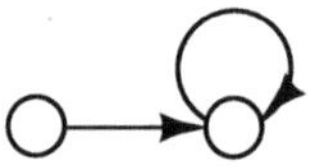	6
R9			7
R10		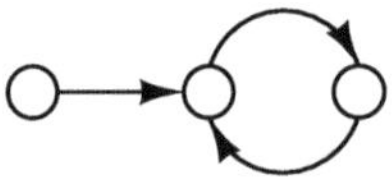	4
R11			6
R12			5
R13			4

在表 3.9 和表 3.10 中，我们找出了乐谱中出现次数超过 2 次音乐旋律和节奏动机，并画出了它们在旋律网络和节奏网络中的表示形式。音乐中出现频率最多的分别由 2、3 和 4 个音高组成的旋律动机所对应的网络模体形式分别为：

也就是说乐曲的旋律总是在变化中向前发展，同一音高在一个动机中同时出现的概率并不高。反观节奏动机，出现频率最高的由 2、3、4 和 5 个时值组成的旋律动机所对应的网络模体形式则都是 ，也就是说乐曲的节奏较为单一。对于儿歌来说，单一的节奏使得乐曲更加容易朗朗上口。

通过这个例子，我们可以看出，音乐动机在音乐网络中所对应的网络模体可以非常直观地体现出音乐的特点。接下来的问题是，知道了组成音乐网络的原始乐曲的网络模体结构，是否可以根据这些信息来谱写更加符合人类审美习惯的乐曲呢？答案是肯定的。

利用网络模体作曲

在之前的一节中，我们将音符拆分为音高和时值两个元素，从而将一段音乐中的音符序列分解为仅由音高组成的旋律序列和仅由时值组成的节奏序列，并分别构造了相应的音乐网络。通过观察音乐中的旋律动机和节奏动机所对应的网络模体，找到了从网络结构理解音乐风格的方法。这一节中，我们将利用网络模体来创造与已有的乐曲风格相似的，但是又从未出现过的全新音乐动机。新的音乐动机可以运用在传统的作曲方法中，也可以加载在多种依靠算法的机器作曲方式中，作为种子生成一段动听的乐曲。

生成全新音乐动机的方法如下。首先，在原音乐中分别找到出现频率最高的 t 个旋律模体 $T_1,\cdots,T_t$，和 r 个节奏模体 $R_1,\cdots,R_r$，接下来，将长度相同的旋律模体和节奏模体组合起来，即可变成一个新的音乐动机，如图 3.14 所示。那么我们一共可以得到多少个全新的音乐动机呢？用 m 表示可以组成的新音乐动机的数目，$\max(t,r)$表示 t 和 r 中最大的数字，那么

$$\max\left(t,r\right)\leqslant m\leqslant t\times r\text{ 。}$$

(a) (b) (c)

图 3.14　将旋律模体(a)和节奏模体(b)合并成全新的音乐动机(c)

以《里之秋》为例，最多我们可以得到 143 个全新的音乐动机！不过实际上，我们得到了 40 个音乐动机，其中 22 个没有在原曲中出现。40 个音乐动机中，长度为 2 个音符的有 16 个；长度为 3 的有 16 个；长度为 4 的有 4 个；长度为 5 的有 2 个。在新合成的音乐动机中，有一些也很有可能曾被作曲家们在另一些乐曲中运用过。

使用合成出的音乐动机作曲的方法可以有很多。例如，合成的音乐动机可以被加入前面所提出的随机游走策略中，用以生成具有主题的新音乐。具体方法如下：首先，在网络中随机选择一个初始节点，并开始随机游走。然后，在随机游走过程中如遇到一个新音乐动机的第一个音符，且这个动机在网络中存在，那么就将这个动机加入曲子中，并从这个动机的最后一个节点重新开始随机游走。图 3.15 所示为利用网络模体作出的新曲片段。与原曲相比，我们发现新曲在保留了原曲特色的基础上加入了新的旋律。

图 3.15　利用网络模体作出的新曲片段

为了更进一步得到符合人类欣赏习惯的音乐，我们还可以在随机游走过程中加入一些限制。比如，音符不可以跨小节出现，即每小节的第一拍必须由一个新的音符开始。另外，为新曲添加伴奏会让旋律变得更加生动。图 3.16 就是这样的一个例子。

图 3.16 从《里之秋》网络中抽取出的新曲，并人工添加了伴奏

更多的随机生成的乐曲可以在 http://cktse.eie.polyu.edu.hk/ MUSIC 中找到。欢迎读者对这些曲子提出宝贵的意见。

无论是从音符网络的角度，还是从 3~5 个节点的模体角度，我们都是从微观的视角检视音乐网络的结构特征。但是实际上，音乐可能并没有我们想像的这么复杂。传唱时间最久的乐曲，曲调往往都非常简单，流行音乐尤其如此。图 3.17 所示为 Beatles 乐队的经典流行歌曲 Hey Jude 的歌词流程图。一首长达 3 分钟，使用了上百个音符的乐曲，拆分成歌词的流程，就只剩下了十几组元素。歌词流程中的每一组元素，在音乐上都对应了一段音乐动机。也许，将网络中合成的全新音乐动机经过图 3.17 这样的简单拼接，就已经可以成为一首朗朗上口的流行音乐？这也是我们留给读者自己发现的一个问题。

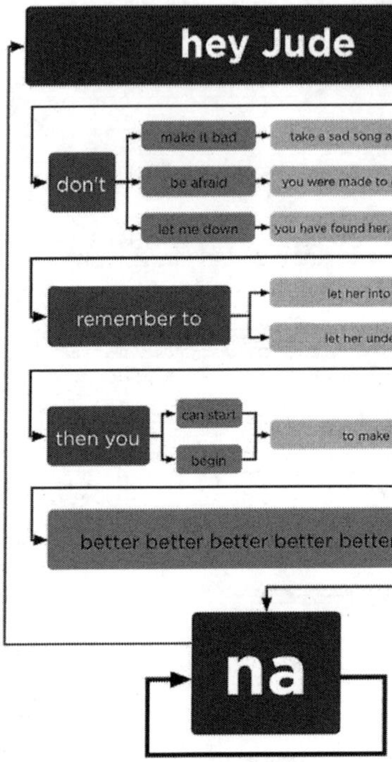

图 3.17 hey Jude 的歌词流程图(图片来源：Tumblr 网站[1])

本章小结

本章介绍了网络科学在艺术领域中的一个典型应用。我们发现不同音乐风格、不同作曲家的音乐网络结构中有着惊人的共性。无论在西方音乐或是东方音乐、古典音乐或是流行音乐所构造的网络中，网

1 http://loveallthis.tumblr.com/post/166124704

络节点的度分布、强度分布、边的权重分布都符合幂律分布，形成无标度网络。而网络大小、网络直径、聚类系数等网络特征，还可用以作为区分音乐细微风格差别的重要指标。如果好音乐都符合某些网络特征，那么是不是只要作出符合这些网络特征的音乐就是好音乐呢？我们使用随机游走的方法在已知的音符网络中抽取出新的音符序列，形成新的乐曲。这些乐曲序列有时比较好听，且具有和原曲类似的音乐风格。但是大部分时候，纯粹随机的方法和作曲家构造出的音乐还有很大差距，制造出的音乐缺乏主题和节奏。因此我们推论，仅仅符合某些网络特征的音乐并不能保证成为动听的音乐。在从时间序列到网络的构造过程中，一些重要的时间信息被忽略了。

为了作出更符合人类欣赏习惯的音乐，我们进一步研究了音乐的动机和网络结构的关系。音乐的动机是一段音乐的主题，是乐谱中最小的结构单位，在一段乐曲中通过各种变位不断出现。网络中与此对应的概念是网络的模体。我们发现将音乐的动机分为旋律动机和节奏动机，则这两种动机在网络中所对应的模体就可以反映出音乐的风格。将网络中的旋律模体和节奏模体相组合，还可以得到新的音乐动机。使用新的音乐动机，并结合一些基本的音乐原理作为限制条件，自动作曲算法能够生成“好听”的音乐的概率大大增加。

这里需要注意的是，音乐是一种具有时间顺序的符号组合，即一个符号的时间序列。而网络是符号在欧几里得空间中的组合。从音乐到网络的映射，是一个符号从时间到空间的映射过程。但是，网络中仅仅能储存时间序列中两个符号的前后顺序(或称一维马尔科夫链接顺序)。对于多个符号在时间上形成的模式，比如一个音乐动机，在网络中并不能直接反映出来。因此，在将网络转化为时间序列的过程中，也就是作曲的过程中，许多原本并不存在的多个符号组成的时间顺序也出现了。这些新组合的出现既是一个好消息，也是一个坏消息。好消息是这样的组合能够提出新的旋律，这些旋律是基于原来音乐中的某些已存在的音符顺序而来，具有一鸣惊人的潜力。坏消息是这些新的组合并没有通过听众们的验证，并不能保证一定悦耳动听。实际上，作曲家谱曲的过程也要经过创造和否决这两个作曲中重要的环节，一首动听的乐曲无不是经过千锤百炼而成的。利用网络来作曲仅仅是提供了这两个环节的第一个。我们还需要更加符合人类欣赏习惯的自动方法，从网络作曲的海量可能性中选取出最动听的那几个音符组合。一旦找到了最动听的那几个音符，围绕它们编成一首完整的曲子，流芳百世也并非不可能。

若需获取更多与本章内容相关的图片、视频等资料信息，请访问网页 http://cse.seu.edu.cn/PersonalPage/xfliu/book/music.html。

文献注记

对于音乐的科学研究由来已久。各路科学家们从什么是音乐、为什么我们需要音乐、人们是怎么作曲的、音乐风格随时间的变化等各种角度尝试理解音乐这一艺术形式。其中，对音乐的数理研究始于巴赫、贝多芬时期。近代最早的可考证的文献是 Von Wolzogen(1878)提出的音乐动机的概念。Von Wolzogen(冯 •乌尔索根)与作曲家瓦格纳(W. R. Wagner)是多年的好友，音乐动机这个概念就是伴随着他对瓦格纳歌剧的分析而提出的。作曲家 Schoenberg(1978)也从统计的角度解释了音乐旋律中重现、变位的基本原理。

英国 Nature 期刊开辟了一个网络专栏报道音乐研究的进展，其中 Zanette (2008)总结了历年从复杂性科学的视角研究音乐的进展。Liu 等(2010)首次对音乐中的网络结构和网络的幂律度分布特性进行报道。Levitin 等(2012)也报道了古典乐曲中的节奏符合幂律分布。

对网络中随机游走和模体结构的研究可以参考第二章的文献注记。本章我们把音乐当成音符组成的符号序列。Shimada 等(2012)从物理学的角度阐述了从时间序列构建复杂网络的基本框架和存在的问题。

Uitdenbogerd 和 Zobel (1998)提出了天际线的旋律抽取方法。

第四章 网络化的全球股票市场

金融行业是一个产生大数据的典型环境。从复杂网络的角度审视金融市场已经被越来越多的金融从业人士所接纳。本章我们将从宏观的角度，在全球的层面上考量各地股票市场之间的动态关系。首先，将世界上67个大型股票市场视为一个相互关联的系统，并构建一个股票市场间的网络。接下来，对这个大型动态系统的结构动力学进行分析。那么，这个不断演化的网络有什么样的结构特征？随着紧张的金融节奏而变化的网络结构向人们传达了什么信息？本章将从全球股票市场一体化进程、全球股票市场的版块划分和全球性波动性溢出现象等方面对这些问题进行解答。

全球股票市场

2007 年，全球资本市场的总价值为 60 万亿美金，但是 2008 年这一年就有28万亿美金瞬间蒸发，全球资本市场缩水接近一半。这就是席卷全球的 2008 年“金融风暴”。对于金融风暴由什么引起，到底是谁的过错，不同立场的专家意见不尽相同。但是得到所有人共识的是，在这场金融风暴中，几乎每个国家都遭受了重大的损失。这证明，全球金融体系已经紧密地结合在一起，每个国家都是这个体系中不可分割的一环。全球化、一体化、金融传染、波动性溢出、市场联动等词语现在都是人们挂在嘴边的常用金融术语。对全球化是好是坏的判断，也是众说纷纭。有人说全球化是个体或机构投资者更合理地分配投资项目降低风险的上佳途径，也有人说全球化使得各地金融市场遭受的风险趋于一致，更不利于投资组合的选择。因此，政策的制定者，尤其是发展中国家的政策制定者，更加迫切需要了解外来投资者带来的机遇与冲击。这些都必须开始于对全球金融市场结构的理解。

与菜场、百货商场相比，金融市场是以资金交易为对象的市场。资金交易的内容包括了股票、货币、期权等各类有形或无形的资产。本章中，我们仅仅研究股票市场。股票是股份公司发行的所有权凭证，也是一种股份公司为筹集资金而发行给股东作为持股凭证并借以取得股息和红利的有价证券。简单地说，一张股票的价值就是发行股票的公司总资产的一小部分。股票市场则是已经发行的股票转让、买卖和流通的场所。股票在市场中流通的时候，其价格会随交易者对公司的估价变化而变动。现在世界上的200多个国家和地区中，已有70多个国家和地区拥有自己的股票市场。从世界的角度来看，这些国家和地区的股票市场已经形成了一个有机的整体。

全球股票市场的网络构建

在全球股票市场网络中，每个市场都被视为一个节点。在70多个拥有股票市场的国家和地区中，我们选择了较活跃的67个世界交易所联盟成员国和地区作为网络的节点。它们包括：阿根廷、澳大利亚、奥地利、巴林、比利时、巴西、保加利亚、加拿大、智利、中国、哥伦比亚、克罗地亚、捷克共和国、丹麦、埃及、爱沙尼亚、芬兰、法国、德国、希腊、中国香港、匈牙利、印度、印尼、爱尔兰、以色列、意大利、日本、约旦、哈萨克斯坦、肯尼亚、韩国、科威特、黎巴嫩、马来西亚、毛里求斯、墨西哥、摩洛哥、荷兰、新西兰、尼日利亚、挪威、阿曼、巴基斯坦、秘鲁、菲律宾、波兰、葡萄牙、卡塔尔、罗马尼亚、俄罗斯、新加坡、斯洛文尼亚、南非、西班牙、斯里兰卡、瑞典、瑞士、中国台湾、泰国、突尼斯、土耳其、乌克兰、阿联酋、英国、美国和越南。具体如图4.1所示。

网络中每对节点之间都有一条边。边的权重用来表示两个市场整体走势的相似性，并由股票市场指数的相关性算出。指数相关性的计算方法如下：首先，搜集这67个股票市场的每日股票指数。股票市场的股票指数是高度概括整个股票市场中所有或大部分股票价格变动的指标。股票市场的指数种类很多，比如股票市场监管机构所制定的指数，如我国的上证综合指数、深证综合指数等。而许多第三方机构也会根据他们的专业知识构建股票指数，如美国的标准普尔公司制定的标普500指数等。有些第三方公司，如标准普尔、摩根士丹利等，除了制定股

图 4.1　67 个世界交易所联盟成员国(地区)在世界地图上的表示
(灰色为欧洲市场，黑色为非洲/中东市场，
竖状条纹为亚太市场，斜状条纹为美洲市场)

票指数外，也承担了为上市公司、主权地区等进行信用评级的工作。本章使用了摩根士丹利公司的 MSCI 指数，这一指数对每个股票市场的每日整体走势都制定了统一的标准。我们搜集了这 67 个市场从 2006 年 12 月 1 日到 2010 年 1 月 19 日，3 年间的 818 个工作日的指数收盘值。有时，某个成员市场会在工作日因为节假日等原因没有进行股票交易，那么当天的收盘值则继承上一个工作日的收盘值。接下来，我们计算两个股票市场指数每天收盘值的对数收益之间的动态条件相关系数(dynamic conditional correlation, DCC)。DCC 的计算过程较为复杂，具体计算方法可以参见本章的文献注记中的注释。但是可以明确的是，动态条件相关系数可以精确表示出两个股票市场每一天的走势相似性。如此一来，一个边的权重每天都在变化的全球股票市场网络就被构造出来。67 个市场间共存在 2211 条边，我们将市场 i 和市场 j 在第 t

天的动态相关系数表示为 $r_{i,j}(t)$，图 4.2 显示了所有 2211 条边在 818 个工作日内的权重分布图。在大部分时候，边的权重介于 0 到 0.5 之间，而在有些时候，边的权重值可以达到 0.9，甚至更高，这说明当天某两个股票市场走势几乎完全一样。

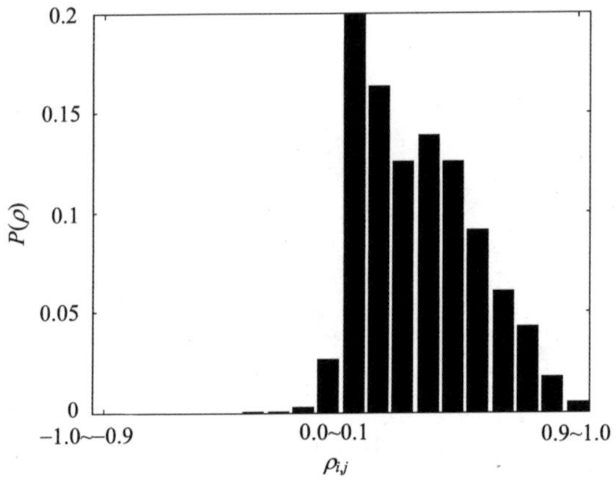

图 4.2　所有 2211 条边在 818 个工作日内的权重分布图

计算股票市场指数的相关性是一个非常有趣的事情。我们知道地球是在旋转的，亚洲、欧洲和美洲的股市交易时间是交替开放的。美洲股市收盘之后，亚洲股市才开盘；亚洲股市收盘之后，欧洲股市才开盘；欧洲股市收盘之后，美洲股市才开盘。那么，我们在计算每天股市收盘值的动态条件相关性时，应该以哪一个股市开盘作为这一交易日的全球股票市场正式开盘呢？国际日期变更线告诉我们应该以亚洲股市开盘作为新的一天开始。可是由于美国是全球最强经济体，有些人也会认为全球一天的股市应以美国股市鸣锣为开始。我们分别以这 3 个大洲的股票市场开盘作为一天的开始，计算了 3 种不同情况下全球股票市场网络的结构、动力学等，得出的结论是非常惊人的。那就是这 3 种情况下，全球股票市场的同步性并没有太大的区别，也就是说世界上并没有某一个市场的走势领先于其他市场，可以代表一个交易日的开始。图 4.3 直观地表示了全球股票网络在某一工作日的拓扑结构。所有权重小于 0.5 的边都没有在图中显示。图中，○代表欧洲股票市场，●代表美洲股票市场，□代表亚洲股票市场，■代表非洲和中东股票市场。

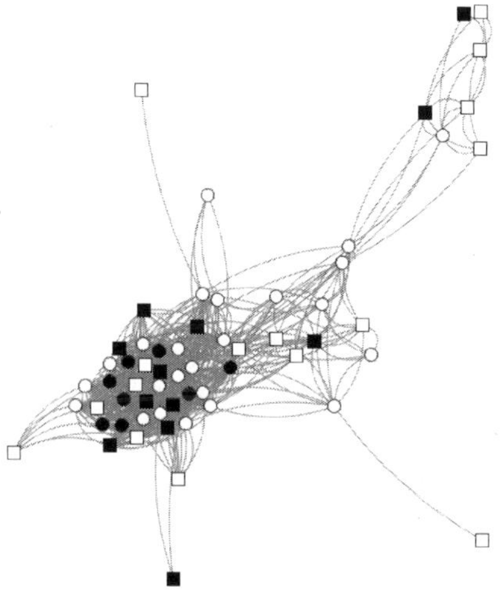

图 4.3　第 600 个工作日的全球股票市场结构

全球股票市场的一体化过程

对金融市场一体化的研究实际上始于 20 世纪 70 年代经济学家对市场联动现象的关注。市场联动，即不同国家的股票市场中几个行业类型相似的公司的股票价格之间的相关性升高的现象。在过去的 40 年中，许多计算股票相关性的数学模型被提出，同时也出现了以图论、树图等为框架分析市场联动、股票市场一体化的研究。本书从动态网络的角度，检视全球股票市场一体化的进程。为了刻画网络的结构动力特征，我们特别定义了节点强度和网络同步性这两个参数。

节点强度

一个节点 i 在时间 t 的强度 $s_i(t)$ 是在这个时间连接到这个节点的所有边的权重的平均值，即

$$s_i(t)=\frac{1}{N-1}\sum_{j=1,j\neq i}^{N}\rho_{i,j}(t)。$$

式中，N 是网络中节点的总数，在全球股票市场网络中 N=67。

节点强度的物理意义是某一个特定的股票市场在全球市场中的融入程度。从图 4.4 中可以看出中国香港与美国股市在全球网络中的节点强度随时间的变化过程。可以发现，每个市场在全球市场中的融入程度都不尽相同，并且有其自身的变化方式。至于大部分人所认同的全球最大的股票市场——美国纽约交易所，也并没有表现出与其他股市更加相似的走势。换句话说，其他股市并没有出现因为美国股市涨跌而触发明显的联动行为。因此，我们可以得出一个结论，即每个市场走势的涨跌，不仅受到全球一体化的影响，更多地受到本地市场因素的调节。下面我们将目光集中到整个网络的同步性上。

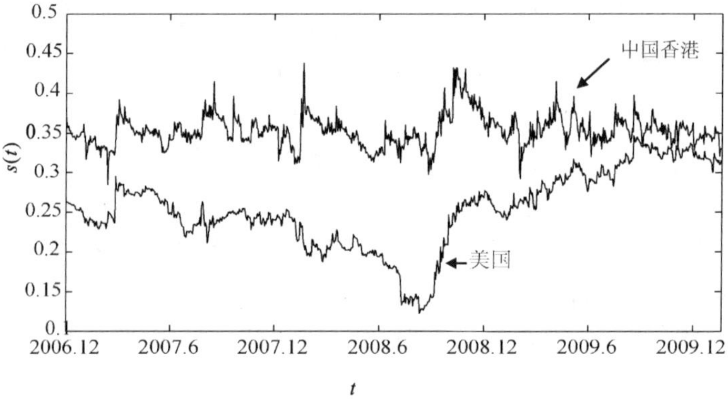

图 4.4　中国香港与美国股票市场的节点强度

网络同步性

网络在时间 t 的同步性 $s_{\mathrm{NET}}(t)$ 是网络中所有边的权重的平均值，即

$$s_{\mathrm{NET}}(t)=\frac{1}{N\times(N-1)}\sum_{i=1}^{N}\sum_{j=1,j\neq i}^{N}\rho_{i,j}(t)\text{。}$$

从物理意义上来说，当全球股票市场的走势趋于一致的时候，网络的同步性最高。如图 4.5 所示，从整体上来看，全球股票市场的同步性在 0.3 上下波动，并且在 2007 年 7 月到 2009 年 7 月间有明显的周期性现象。图中圈出的几个时间点显示了全球股票市场同步性的几大转折点。自 2008 年 12 月开始，即金融风暴之后，全球股票市场周期性同步的现象几乎消失了，并且稳定在一个比金融风暴前的平均值略高的一个范围内。是什么导致了全球股票市场的周期性同步？为什么金融风暴之后全球股票市场的周期性同步消失了？现在为止还没有定论。这些网络现象背后的意义尚且有待金融专家们诠释。

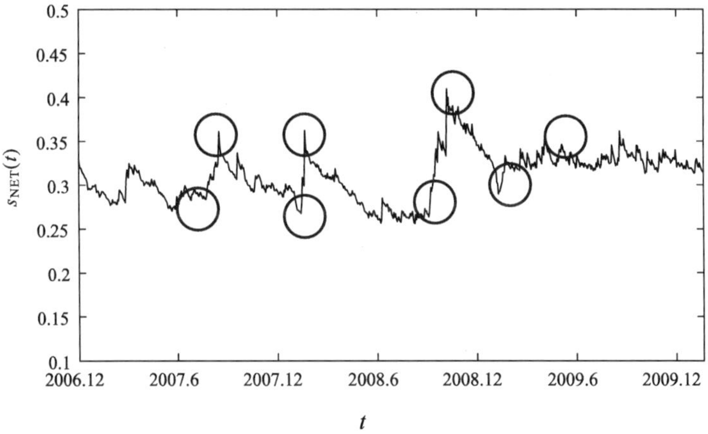

图 4.5　全球股票市场同步性变化

全球股票市场的板块划分

世界交易所联盟成员可以按照其市场的不同属性，比如，地理位置、市值、对境外投资者的开放程度等分为不同的类别。如表 4.1 和图 4.6 中所示为 2010 年摩根士丹利公司根据一系列标准对世界交易所联盟成员国家和地区所做的市场成熟度划分。市场规则更加健全、对外资开放程度更高的市场被视为发达市场；市场规则正在不断健全，但是又因为本地政治因素而没有达到发达市场水平的市场被视为发展中市场；而股票市场建立时间很短，尚待完善的市场则被视为前沿市场。

结合图 4.1 中所示的股票市场的地域划分，我们想知道是处于同一发展阶段的市场间是否体现了更强的联动性，还是处于同一地域中的市场间体现了更强的联动性。这个问题可以使用网络科学的工具来解答。同配性，是一个判断网络中同一属性的节点间的连接是否更加紧密的指标。以发展阶段或地域来划分各个市场，可以定义市场类别间的同配性。首先，定义 $P_c(t)$ 为在 c 分类中的所有市场之间在 t 时刻的权重平均值，即

$$P_c(t)=\langle \rho_{i,j}(t)\rangle \quad (i\in c, j\in c, j\neq i)。$$

表 4.1　摩根士丹利公司对世界交易所联盟成员的发展状况划分(2010 年)

类别	国家或地区
发达市场	澳大利亚、奥地利、比利时、加拿大、丹麦、芬兰、法国、德国、希腊、中国香港、爱尔兰、意大利、日本、荷兰、新西兰、挪威、葡萄牙、新加坡、西班牙、瑞典、瑞士、英国、美国
发展中市场	巴西、智利、中国、哥伦比亚、捷克共和国、埃及、匈牙利、印度、印尼、以色列、韩国、马来西亚、墨西哥、摩洛哥、秘鲁、菲律宾、波兰、俄罗斯、南非、中国台湾、泰国、土耳其
前沿市场	阿根廷、巴林、保加利亚、克罗地亚、爱沙尼亚、约旦、牙买加、哈萨克斯坦、肯尼亚、科威特、黎巴嫩、毛里求斯、尼日利亚、阿曼、巴基斯坦、卡塔尔、罗马尼亚、斯洛文尼亚、斯里兰卡、突尼斯、乌克兰、阿联酋、越南

图 4.6　世界交易所联盟成员发展状况划分(2010 年)(黑色为发达市场，竖状条纹为发展中市场，灰色为前沿市场)

然后，定义 $Q_c(t)$ 为 t 时刻分类 c 的市场与其他所有分类中的市场的动态相关系数平均值，即

$$Q_c(t)=\langle\rho_{i,j}(t)\rangle(i\in c,j\notin c),$$

那么，对于分类为 c 的市场在 t 时刻的同配性 $R_c(t)$ 就可以表示为

$$R_c(t)=\frac{P_c(t)-Q_c(t)}{2},$$

市场同配性 $R_c(t)$ 的值落在−1 和 1 之间。$R_c(t)$ 越接近 1，说明这个时刻市场分类 c 的同配性越高，即分类 c 中的股票市场间的相似度高；$R_c(t)$ 越接近−1，说明这个时刻市场分类 c 的同配性低，即这个分类中各个股票市场的走势并不相似。图 4.7 所示为按照两种不同分类方式得出的网络的同配性，及其在 2006 至 2010 年之间的变化趋势。在以市场成熟度

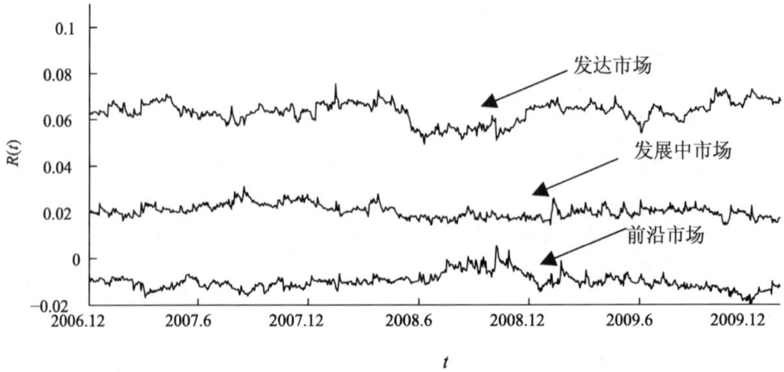

(a) 按摩根士丹利公司对各个股票市场发展状况的分类

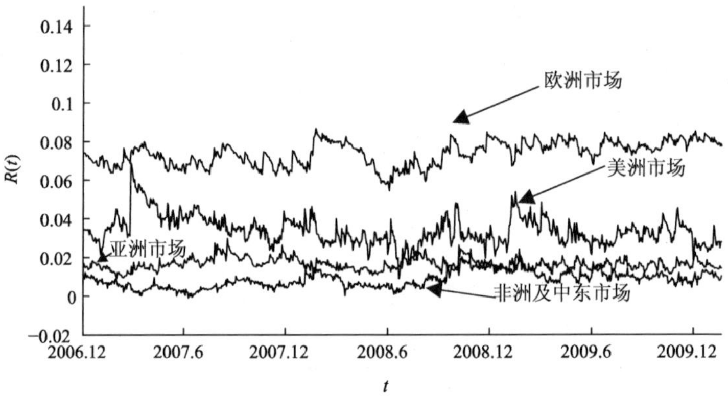

(b) 按地域分类

图 4.7　网络同配性的动力图

划分的类别中，发达市场内部的相关性要比其他两类市场的内部相关性更高，而且前沿市场的内部与外部相关性没有明显区别。说明发达市场的走势受国际经济因素影响更加明显。在以地域划分的类别中，欧洲市场的同配性较高，其他地区的市场的同配性较低。这说明欧洲市场的发展较为均衡，且股票走势易受到同种市场条件影响。发展中图 4.8~图 4.11 所示为全球股票市场同步性发生变化的几个关键的时间点上(图 4.5)全球股票网络的拓扑结构图。当全球股票市场的同步性较低时，发达市场形成一个紧密连接的社团，而发展中市场和前沿市场则松散地连接在网络中。当全球股票市场同步性较高时，发展中市场

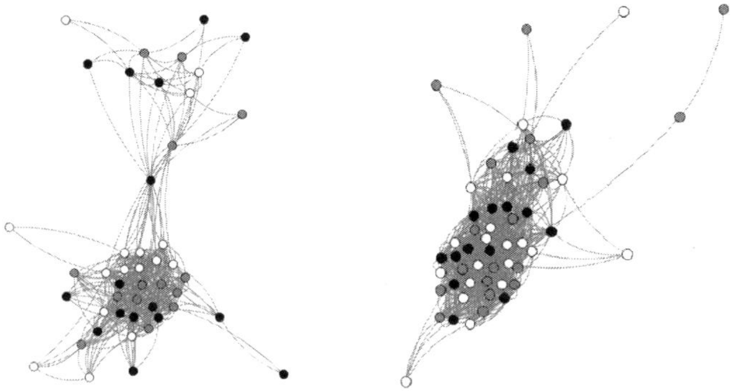

(a) 第 168 个工作日　　(b) 第 185 个工作日

图 4.8　全球股票市场网络在第 168 个和第 185 个工作日(在第一波全球同步化期间)的拓扑结构(发达市场为黑色，发展中为灰色，前沿市场为白色。权重值小于 0.5 的边不在图中显示)

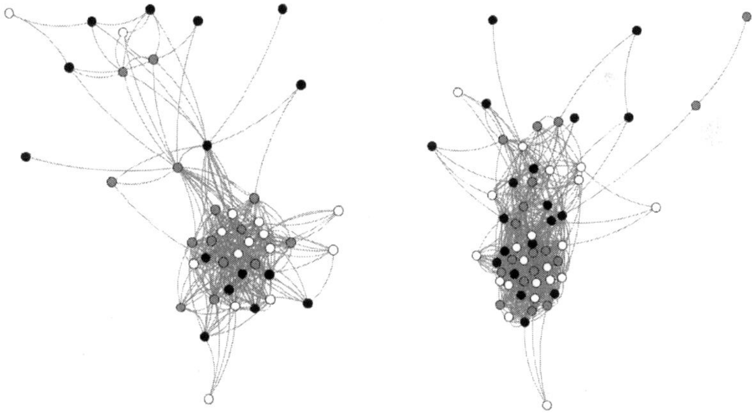

(a) 第 292 个工作日　　(b) 第 297 个工作日

图 4.9　全球股票市场网络在第 292 个和第 297 个工作日(在第二波全球同步化期间)的拓扑结构(发达市场为黑色，发展中为灰色，前沿市场为白色。权重值小于 0.5 的边不在图中显示)

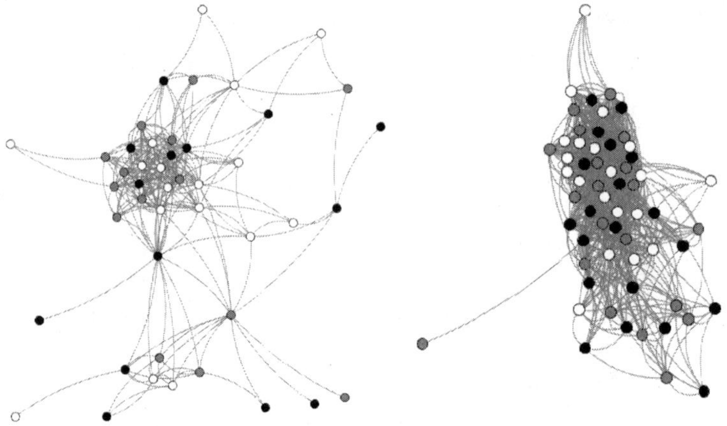

(a) 第 440 个工作日　　(b) 第 482 个工作日

图 4.10　全球股票市场网络在第 440 个和第 482 个工作日(在第三波全球同步化期间)的拓扑结构(发达市场为黑色，发展中为灰色，前沿市场为白色。权重值小于 0.5 的边不在图中显示)

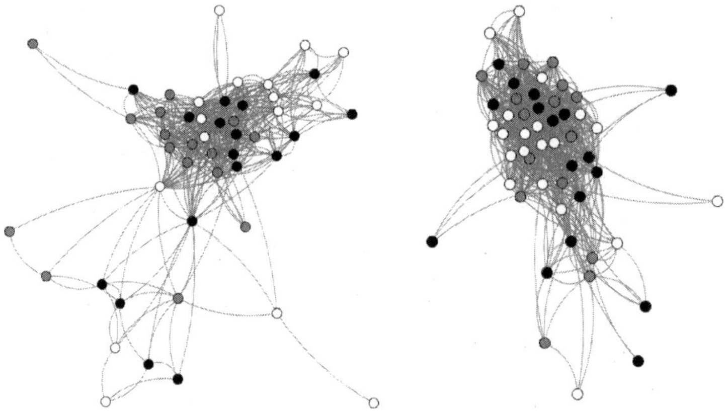

(a) 第 549 个工作日　　(b) 第 610 个工作日

图 4.11　全球股票市场网络在第 549 个和第 610 个工作日(在第四波全球同步化期间)的拓扑结构(发达市场为黑色，发展中为灰色，前沿市场为白色。权重值小于 0.5 的边不在图中显示)

加入到发达市场的社团中，而前沿市场也跟随着发展中市场零星加入网络的核心中去。因为对市场发展程度的分类，很大程度上是建立在对外资持有、货币流通等开放程度的评价基础之上，所以越是发达的市场，其受到外资，也就是全球经济因素影响的程度就越大。在发达市场、欧洲市场这些相似性较高的分类中的股票市场，一旦受到强大的全球经济因素印象，其股市指数会呈现多米诺骨牌式的效应。这样的效应会降低分散在这些市场中的投资组合的多样性，增加资本持有的风险。

网络化波动性溢出

波动性(volatility)，又称波动率，是用来测量资产风险性的常用量。它描述了资产价格或指数在一定时间内上下波动的幅度，通常用收益值对数的方差表示。波动性溢出，指的是几个股票或几个市场同时发生剧烈波动的情况。以往的金融研究已经注意到了这一现象，并且认为它普遍存在于一些受同种经济因素影响的市场中。在这里，我们将会分析全球股票市场的波动性溢出现象。

前面提出的网络同步性，是与波动性溢出息息相关的一个概念。如果某一天全球股票市场的同步性很高，那么就说明各个股票市场的走势比较相似，指数或是集体上升，或是集体下降。如果某一天全球股票市场的同步性不高，那么说明各个股票市场的走势各不相同。但是，同步性与波动性溢出并不完全相同。具有相似走势的股票市场，波动性可能有大有小：指数突然升高的股市波动性大，指数缓慢升高的股市波动性小。

为了能够找到全球股票市场每一天的波动性情况，我们需要找到一个能够代表全球股票市场走势的指数。摩根士丹利的MSCI世界指数就是这样一个指数。在2006~2010年的时间内，MSCI世界指数综合计算了23个发达市场的股票走势，其中包括：澳大利亚、奥地利、比利时、加拿大、丹麦、芬兰、法国、德国、希腊、中国香港、爱尔兰、意大利、日本、荷兰、新西兰、挪威、葡萄牙、新加坡、西班牙、瑞典、瑞士、英国和美国。世界指数的走势和波动性如图 4.12 所示。可以看出，在 2008 年的“金融风暴”期间，世界指数大幅下跌，同时指数波动性急剧升高。

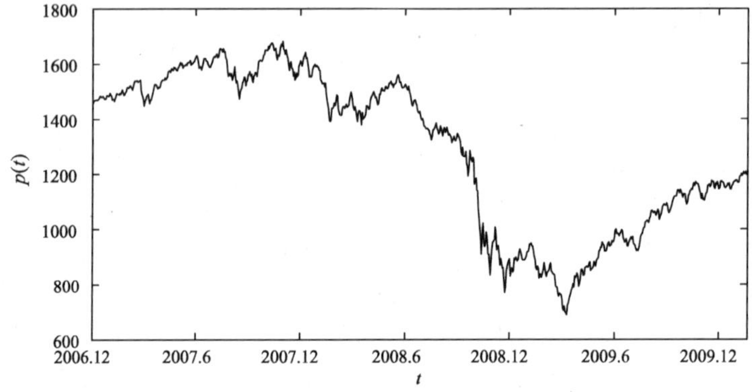

(a) 日收盘值

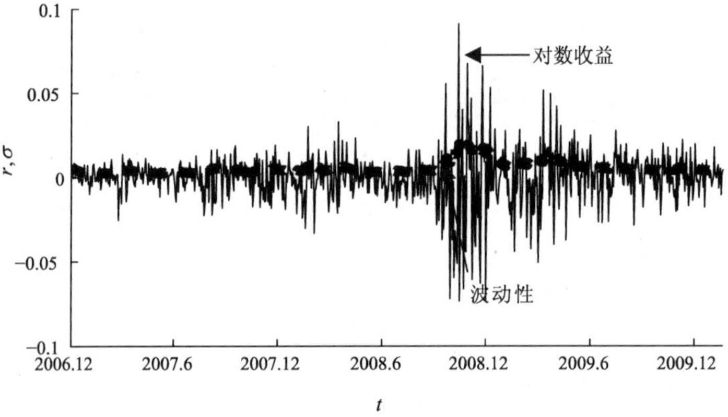

(b) 对数收益及波动性

图 4.12　摩根士丹利世界指数的日收盘值、对数收益及波动性

找到了全球股市波动性的指标后，我们提出了一个问题：波动性溢出产生的原因是什么？波动性溢出是否与全球股市系统的其他特征受到类似金融因素的影响？为了回答这个问题，我们比较了网络同步性(s)、MSCI 世界指数的波动性(σ)、世界指数日收盘值(p)和世界指数收盘值的对数收益(r)之间的关系。这 4 个值在 2006~2010 年的每一天都在不断变化，形成了 4 个时间序列。通过计算这 4 个时间序列之间的线性相关性来发掘这 4 个全球股市系统特征之间的关系。以网络同步性(s)和世界指数的对数收益(r)为例，它们之间的线性相关性的计算方法为

$$\rho_{s,r}=\frac{\operatorname{cov}(s,r)}{\sigma_s\sigma_r}。$$

这 4 个全球股市特征的关系如图 4.13 所示。我们可以发现，网络同步性与世界指数的波动性不仅在概念上相似，在时间序列的表现上也有强烈的相似性($\rho_{s,\sigma}$ 高达 0.72)。也就是说，当巨大的全球经济因素引导全球股市发生大规模震荡的同时，网络的同步性往往也相应增加。这一现象的物理意义是，股市之间如果走势相似，那么它们上涨或下跌的幅度也往往趋同。这一现象称为网络化的波动性溢出。

除此之外，我们在图4.13中还可以发现许多其他有趣的现象。比如，网络同步性和世界股票市场的综合收益是成反比的。这一现象的物理意义是，当全球所有股票市场走势相同时，它们往往是集体下跌的！反过来说，全球股票市场集体上涨的情况，则不太常见。这里我们送给读到此处的股民们一个小贴士：从这一现象引申出来的含义就是：当你周围的大妈们全都开始买股票(或者炒黄金、炒外汇、炒房等)的时候，那么股票(金价、汇率、房价等)很有可能就要开始下跌了。

网络同步性是由节点强度取平均值得到。既然网络的同步性与世界股票市场波动性变化相似，那么每个股票市场在全球市场中的融入度，即它的节点强度，与其自身的股票市场指数之间有什么关联呢？

表 4.2 总结了我们计算的每个股票市场的节点强度(s)与其股票市场指数的日收盘值(p)、对数收益(r)和波动性(σ)之间的相关性，并按 $\rho_{s,\sigma}$ 排序。

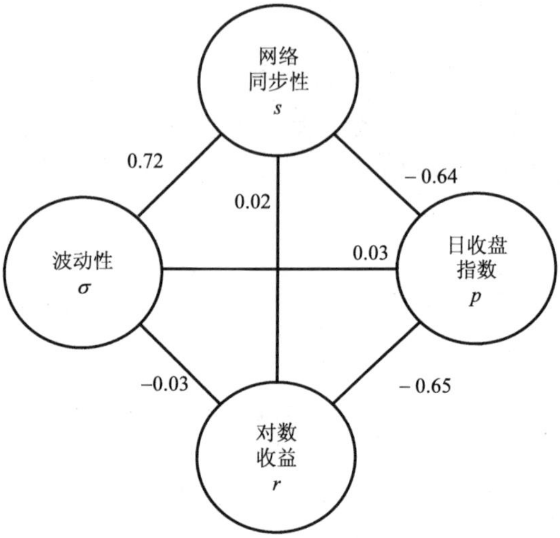

图 4.13　网络同步性与摩根士丹利世界指数之间的关系

表 4.2　单一股票市场的节点强度与其自身股市指数间的相关性

国家/地区	市场分类	地域	$\rho_{s,\sigma}$	$\rho_{s,r}$	$\rho_{s,p}$
卡塔尔	前沿市场	非洲/中东地区	0.31	0.11	−0.03
约旦	前沿市场	非洲/中东地区	0.26	−0.06	−0.17
科威特	前沿市场	非洲/中东地区	0.20	0.16	−0.07
哈萨克斯坦	前沿市场	亚太地区	0.20	−0.05	0.19
阿曼	前沿市场	非洲/中东地区	0.20	−0.01	−0.31
阿联酋	前沿市场	非洲/中东地区	0.19	0.18	−0.09
埃及	发展中市场	非洲/中东地区	0.17	0.25	−0.01
巴基斯坦	前沿市场	亚太地区	0.17	−0.10	−0.14
韩国	发展中市场	亚太地区	0.15	−0.05	0.32

续表

国家/地区	市场分类	地域	$\rho_{s,\sigma}$	$\rho_{s,r}$	$\rho_{s,p}$
秘鲁	发展中市场	美洲地区	0.14	−0.16	−0.06
爱尔兰	发达市场	欧洲地区	0.14	0.03	0.23
葡萄牙	发达市场	欧洲地区	0.13	0.05	−0.10
摩洛哥	发展中市场	非洲/中东地区	0.13	0.00	−0.15
瑞典	发达市场	欧洲地区	0.12	−0.14	−0.04
罗马尼亚	前沿市场	欧洲地区	0.11	−0.10	−0.13
泰国	发展中市场	亚太地区	0.11	−0.07	0.09
美国	发达市场	美洲地区	0.11	−0.15	−0.07
巴林	前沿市场	亚太地区	0.10	0.20	0.06
新西兰	发达市场	亚太地区	0.09	0.01	−0.03
匈牙利	发展中市场	欧洲地区	0.08	−0.09	0.26
丹麦	发达市场	欧洲地区	0.07	−0.03	0.00
以色列	发展中市场	非洲/中东地区	0.07	−0.16	−0.09
荷兰	发达市场	欧洲地区	0.07	0.04	−0.02
加拿大	发达市场	美洲地区	0.06	−0.09	0.20
法国	发达市场	欧洲地区	0.06	−0.06	0.06
意大利	发达市场	欧洲地区	0.06	−0.02	0.11
黎巴嫩	前沿市场	非洲/中东地区	0.06	−0.03	0.02
新加坡	发达市场	亚太地区	0.06	−0.13	−0.08
德国	发达市场	欧洲地区	0.04	−0.04	0.00
越南	前沿市场	亚太地区	0.03	0.27	−0.21
肯尼亚	前沿市场	非洲/中东地区	0.03	0.13	−0.10
印度	发展中市场	亚太地区	0.02	−0.09	0.00
比利时	发达市场	欧洲地区	0.02	0.00	0.05
希腊	发达市场	欧洲地区	0.01	−0.13	−0.17
中国台湾	发展中市场	亚太地区	0.01	0.02	0.12
挪威	发达市场	欧洲地区	0.01	−0.24	0.00
奥地利	发达市场	欧洲地区	0.00	−0.10	0.12
克罗地亚	前沿市场	欧洲地区	−0.01	−0.06	0.04
西班牙	发达市场	欧洲地区	−0.01	−0.06	0.10

续表

国家/地区	市场分类	地域	$\rho_{s,\sigma}$	$\rho_{s,r}$	$\rho_{s,p}$
爱沙尼亚	前沿市场	欧洲地区	−0.01	−0.02	−0.13
瑞士	发达市场	欧洲地区	−0.01	−0.17	−0.08
中国香港	发达市场	亚太地区	−0.01	0.02	−0.12
英国	发达市场	欧洲地区	−0.02	−0.18	0.00
捷克共和国	发展中市场	欧洲地区	−0.02	−0.14	0.18
芬兰	发达市场	欧洲地区	−0.02	−0.05	0.03
土耳其	发展中市场	欧洲地区	−0.03	−0.34	−0.07
尼日利亚	前沿市场	非洲/中东地区	−0.04	−0.08	−0.16
巴西	发展中市场	美洲地区	−0.05	−0.09	0.12
波兰	发展中市场	欧洲地区	−0.05	−0.20	0.01
印尼	发展中市场	亚太地区	−0.06	0.03	0.33
日本	发达市场	亚太地区	−0.06	0.00	−0.02
智利	发展中市场	美洲地区	−0.06	−0.21	−0.01
墨西哥	发展中市场	美洲地区	−0.07	−0.16	0.03
俄罗斯	发展中市场	欧洲地区	−0.08	−0.09	0.34
中国	发展中市场	亚太地区	−0.09	0.09	0.04
保加利亚	前沿市场	欧洲地区	−0.09	0.08	−0.17
南非	发展中市场	非洲/中东地区	−0.10	−0.16	−0.02
马来西亚	发展中市场	亚太地区	−0.11	0.04	−0.09
澳大利亚	发达市场	亚太地区	−0.11	−0.04	0.00
菲律宾	发展中市场	亚太地区	−0.19	0.05	−0.08
毛里求斯	前沿市场	亚太地区	−0.20	0.22	−0.26
斯里兰卡	前沿市场	亚太地区	−0.20	−0.06	−0.22
突尼斯	前沿市场	非洲/中东地区	−0.21	−0.15	−0.22
阿根廷	前沿市场	美洲地区	−0.25	−0.08	0.12
乌克兰	前沿市场	欧洲地区	−0.25	−0.29	−0.28
斯洛文尼亚	前沿市场	欧洲地区	−0.26	0.09	−0.17
哥伦比亚	发展中市场	美洲地区	−0.29	−0.19	0.17

我们发现，对于前沿市场中的股市，其节点强度与股市指数波动

性成强烈的正相关或负相关。而发达市场则没有显示出强烈的相关性。这说明，前沿市场的波动性受到全球经济因素的影响更大，当其发生强烈波动时，有很大概率会和其他市场同时受到影响。而发达市场市值更大，投资者更加成熟，全球性经济因素对本地市场的冲击就不怎么能体现出来。

波动性溢出有时也被称为金融传染。网络同步性与股市波动性之间的正相关性其实是全球股票市场网络化波动性溢出的表现。这一表现对将投资组合分散在不同国家和地区之间的投资者来说并不是一个非常好的信号，因为它说明了当一个股市发生强烈波动的同时，其他股市往往也会产生强烈的波动性。我们的这一发现无疑为投资者们的资产分配问题、计算投资风险的方法提出了新的挑战。

本章小结

本章介绍了网络科学在金融领域的一系列应用。我们建立了由 67 个世界交易所联盟成员国家和地区组成的全球股票市场网络。在这个网络中，节点是股票市场，每对节点都被一条边连接在一起，这条边的权重是两个股票市场指数的动态相关系数。我们计算了从 2006 ~2010 年 800 多个工作日的边的权重，构建了一个结构随时间不停变化的全球股票市场的复杂网络。利用这个网络，我们从系统的角度审视了全球股票市场的一体化程度。我们发现，在 2006~2009 年金融风暴结束前的一段时间内，全球股票市场呈现出周期性的同步现象，但是金融风暴之后，这个同步现象消失了，取而代之的是一段稳定的同步性平台。

通过网络同配性的计算，我们发现一般来说，发达市场之间的股票市场指数相关性较发展中市场或前沿市场之间更高，欧洲股票市场之间的相关性较美洲、亚洲、非洲之间高。但是，在特定时间，受到某些特殊金融和经济因素的影响，某些国家的股票市场之间会体现出惊人的同步性。

另外，我们还从系统的角度研究了网络化波动性溢出的现象，并发现，当全球股票市场发生剧烈波动的时候，网络同步性升高，也就是说多个市场会同时发生剧烈的方向一致的波动。这是全球股票市场一体化的结果，使得单一的经济因素可以影响到全世界的所有市场。并且，前沿市场受到全球化经济因素的影响比其他两个市场更大。

随着全球经济一体化进程的加速，各国的经济体已逐渐有机地融合在一起。除了股票市场之外，许多其他的经济、金融现象均可以从网络的角度描述和分析。这其中，对国际进出口贸易、国债买卖等复杂经济、金融网络的建模和分析，都给投资者和政治家们提供了理解世界经济动向的渠道。英国央行金融稳定部门主管 Haldane 在 2009 年的一次演讲中提到，金融系统是一个复杂的适应性系统，其稳定性与系统的连接性、反馈性、多元化等复杂性议题息息相关。金融界需要使用网络科学的工具，重新认识金融系统、调控金融系统，并重建金融系统。可以确定的是，在不远的将来，网络科学将像资产定价模型(CAPM)、布莱克-斯科尔斯模型、自相关模型一样，成为最基本的金融工具之一。

若需获取更多与本章内容相关的图片、视频等信息资料，请访问网页 http://cse.seu.edu.cn/PersonalPage/xfliu/book/finance.html。

文献注记

最早对股票市场间关联的研究源自 20 世纪 70 年代 Hilliard (1979)对全球市场中几只相似股票相关性的研究。在这之后，Roll (1992)对 24 个国家的股票市场相关性和这些国家的产业结构相似性进行了研究。Chan 等(1997)跟踪研究了 32 年中 18 个国家股票市场在大时间尺度上的相关性。Longin 和 Solnik(2001)对不同国家股市之间的相关性和与什么金融因素有关做了细致地分析。这些早期研究所缺乏的是对全球股票市场结构动态性的观察。Engle(2002)提出的动态条件相关性的计算方法为研究时间序列间的动态关系打开了大门，他也因此获得了诺贝尔经济学奖。

想要更好地理解全球股票市场间复杂的互相依赖关系等一体化现象，必须运用到网络科学的工具。网络科学已经在金融领域，尤其是证券投资领域产生了一些应用。比如，Tse 等(2010)从复杂网络的视角对美国股市中的 2 万多只股票间的关系进行分析，并提出了一种新的计算股票市场指数的方法。Leibon 等(2008)使用社团结构发现的算法对美国股票市场的板块划分进行了重新的考量。他们的方法在股票市场中划分出的板块结构不仅更加合理，而且能够对划分的细致程度进行了调整。

针对网络科学在整个金融领域应用的前景，英国央行金融稳定部门主管 Haldane (2009)在他于荷兰的一次演讲中提到，网络科学是全面理解金融传染过程，研究金融系统稳定性的一把钥匙。

第五章

自我修复的社会关系网

社会网络是一个典型的复杂网络。它的复杂之处不仅仅在于人与人之间的关系类型多样且错综复杂，更在于人际关系是随着时间不断演化的。无论这种演化的原因是什么，演化本身为社会网络提供了惊人的活力。本章通过一个实例来证明社会网络即使在有针对的攻击下仍然是一个稳固的系统。首先，我们构建了一个科学家之间的合作关系网络。科学家的合作具有明显的时间特性，往往以短期合作为主。科学家的意外死亡对这个动态的社会网络造成一定的冲击。我们的目标，就是研究这种冲击到底会对社会网络造成多大的影响。社会网络的结构演化能够完成自我修复的任务吗？

演化中的网络

现实生活中，我们其实很难找到完全静止的网络。大部分自然的或人造的复杂系统，比如生物体、互联网、交通系统或金融系统，如果我们仔细观察它们的内部结构，都会发现生命在不断进化，互联网在不断膨胀，城市内部道路通过红绿灯来调节路径与路径之间的连通性，金融系统中的资金流向瞬息万变。这些都是网络的演化现象。现实中，这些系统每天都面临着攻击，或者产生着错误。比如，物种暴露在大自然的危险中随时会消亡；埋在海底的互联网主干光缆会由于人为因素或自然原因发生故障；城市交通每天都面临着堵塞的压力；金融系统随时处在崩溃的边缘……可是令人感到赞叹的是，当每天太阳升起，我们走出地铁，走进办公楼，打开电脑，回顾昨晚美国股市走势的时候，我们并不会意识到，这些系统又在危险中安然度过了一天。当然，威胁依然存在。物种会消亡，地铁工人罢工，互联网偶尔抽风，美国股市隔几十年总会崩溃一次。只是没过几天，这些系统还会像往常一样恢复运转，人们也会渐渐忘记几天前发生的事情。因此，上面所说的这些系统都是拥有自我修复功能的复杂系统。

人类社会，作为最为复杂的网络之一，也拥有极其复杂的演化机制。比如，人与人之间的关系会从无到有，人际关系会发生转变。因为竞争和合作的关系，熟悉的人可能越来越亲密，也可能慢慢变成仇人。另一方面，人与人之间还会通过精神沟通、肉体接触来传播信息、疾病等事物。本章中，我们首先对社会网络的自主演化过程进行分析；然后再看一看这个演化中的复杂系统面对外来的猛烈攻击的时候，是怎样保护自己以确保其完善的社会功能的。

科学家合作网络的建立

科学家合作网络是一种典型的社会网络。科学家们通过彼此之间的合作，完成发现知识、传播知识的过程。我们建立了一个针对在美国从事生命科学的学者的合作网络。为了建立这个网络，我们利用了美国大学医学院教职工名单(faculty list)来搜集科学家的姓名。截至2010年，教职工名单中已有接近20万个名字。科学家们的合作形式有很多，比如共同进行学术研讨、联名申请研究项目等。这里，我们将科学家的合作形式局限于共同发表学术论文。虽然这种定义方式较为简单，但是因为科学论文具有严谨的学术性质，只有真正进行过深入探讨的科学家才会将其名字同署在一篇文章上。所以，将论文的合著关系作为科学家之间的合作关系具有很强代表性。如果一篇论文由科学家A和B共同发表，那么我们就认为论文发表的这一年A和B两人有过一次合作。如果论文由A、B和C三人共同发表，那么我们就认为A和B、A和C、B和C在这一年都有过科学合作。这样一来，我们就建立起了一个动态的社会网络：节点为科学家，边为联名发表论文的合作关系，且一篇论文只能代表作者们这一年里的合作关系。

论文的数据来自美国国家医药图书馆的网上数据库——PubMED。此数据库完整地存储了生物和医学相关方面研究文献的标题、作者、发表期刊、发表年份等一些系列信息。需要说明的是，实际建立起的网络中并没有包含教职工名单中的所有20万个节点。一部分原因是，并不是所有科学家都会撰写科学论文；另一部分原因也是建立科学家合作网络的一个普遍问题——重名。在PubMED数据库中，作者的名字以名的首字母加姓的全称的形式存储。例如，“Xiao Fan Liu”被储存为“XF Liu”。因此，一些在教员名单上不同的名字，而在数据库中却拥有相同的标注。例如，“John Doe”和“Jane Doe”都会被记为“J Doe”。这样我们无法得知一篇文章是由“John Doe”还是“Jane Doe”发表的。为了防止重名这一现象造成的数据噪声，我们将教员名单中标注名(即缩写)相同的教员从名单中剔除。有趣的是，亚洲人被删除的比例最高，因为亚洲人的姓氏相对较少(美国 2010 年共有常用姓氏接近 9 万个，而中国常用的姓氏只有“百家姓”而已)，而亚洲人区分姓名往往依靠名的不同。一旦名被以首字母所写的形式储存，那么就会造成大面积的重名。最终，我们建立的科学家合作网络中共有科学家 112 753 人。

尽管如此，我们建立的科学家合作网络还是具备了一般复杂网络所具备的各种特征。如果我们将观察的时间尺度放到无限大，即只要科学家们联名发表过论文，我们就认为网络中存在一条边，那么这个网络拥有符合幂律的度分布(图 5.1)。这个网络的平均度为 32，即每一位科学家平均与 32 位不同的科学家联名撰写过论文。这个数字对于不

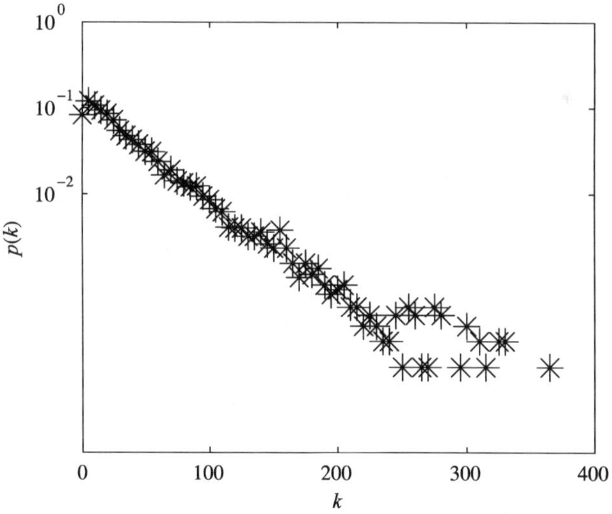

图 5.1　科学合作网络的度分布

在生物和医学专业的学者来说可能大得惊人，但是考虑到生物和医药领域的长期跟踪实验有时需要上百人合作进行，这个数字也是可以被理解的。

合作网络的演化过程

科学家间的合作不是永远的。例如，今年联名发表论文的两位科学家明年不一定还能找到合作的契合点。因此，当我们在不同的时间观察科学家合作网络时，会发现这个网络可能具有截然不同的连接方式。这里我们对 5000 位学术生涯超过 10 年，并且合作者超过 10 位的科学家与他人的合作时间跨度进行分析。选择学术生涯较长的科学家的原因是，我们希望将观察尺度对合作持续年限的影响降到最低。

我们首先观察了这 5000 名科学家和他们的合作者之间合作持续的时间。图 5.2(a)所示为科学家的合作时间跨度 s 的概率分布 $p(s)$。从图中可以看出，概率分布符合幂律分布，且幂律指数为–2.3。并且，大多数的合作只持续了 1 年。换句话说，科学家之间的长期合作是相当稀少的现象。我们将“长期”合作定义为合作时间跨度超过该科学家学术生涯一半时间的情况，5000 位被选出科学家所具有的长期合作对象的平均数量为 0.73，且大多数的科学家都没有长期的合作伙伴。如图5.2(b)所示，科学家可能拥有 l 个长期合作者概率 $p(l)$也以幂律衰减，幂律指数为–2.4。图 5.2(c)显示了科学家拥有的合作者数量 d 中长期合作者的比例 l/d 是多少。图上的每一点代表合作者数量为 $d\pm10$ 的科学家的平均比率 l/d。我们发现，长期合作者占合作者总人数的比率 l/d 在各个程度上都很稳定，即无论一位科学家有多大的合作网络，大约每 50 人中只有一位会成为长期合作对象。通过这些简单的统计，我们可以看出科学家合作网络中大部分的边均为短期合作，如果从很短的时间尺度上观察，每一年科学家合作网络的连接方式都不一样。也就是说，科学家合作网络是一个强烈演化中的网络。

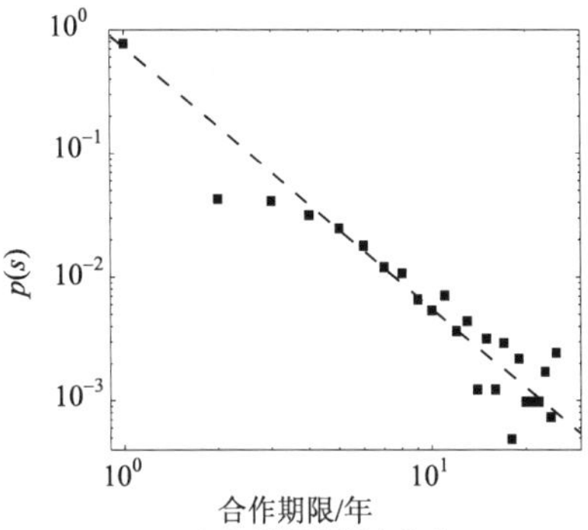

(a) 合作期限的概率分布

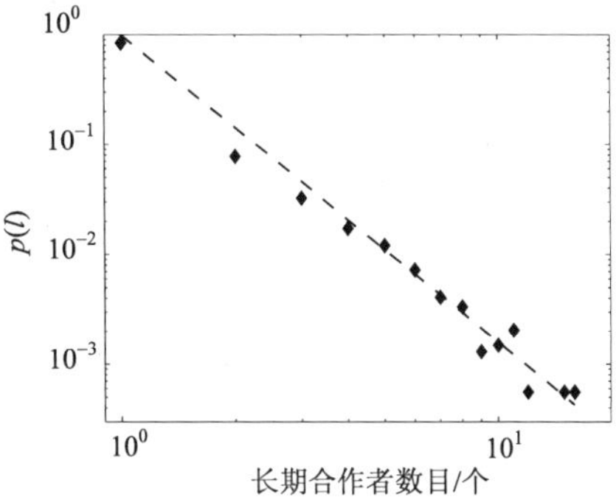

(b) 一位科学家拥有长期合作者数目的概率分布

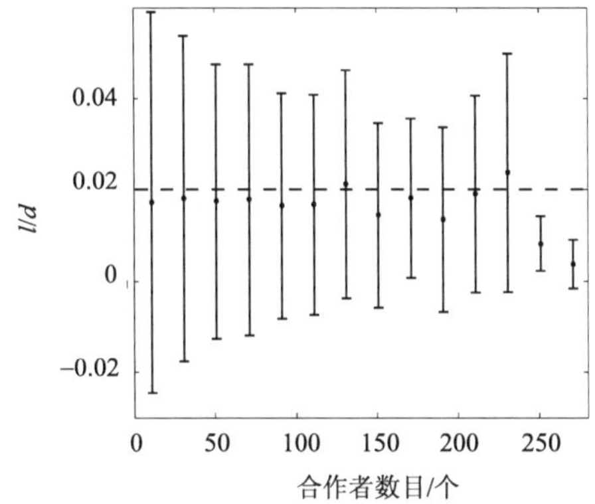

(c) 科学家的长期合作者占所有合作者的比例

图 5.2 科学家合作年限和合作者数目的统计

为什么科学家们的合作都是短期的呢？短期合作相对长期合作有什么优势吗？我们从每一对合作关系的科学产出的角度来考量。图 5.3(a)所示为每对科学家合作所发表的论文数量 r 的概率分布 $p(r)$，其中虚线部分为分布的幂律拟合，幂律指数为–2.4。我们发现大多数的科学合作只有一篇研究文献发表。对于长期的科学合作，如图 5.3(b)所示，每对合作关系发表文章的平均数量略低于每年一篇。我们搜集的数据中没有明显的证据表明长时间的科学合作会比短期的科学合作拥有更高效的文章产出。正因为长期合作并没有比短期合作带来更大的收益，科学家们就没有动力追求与其他同事的长期合作关系，而是更加自由地与所有人交流思想，以期碰撞出科学的火花。

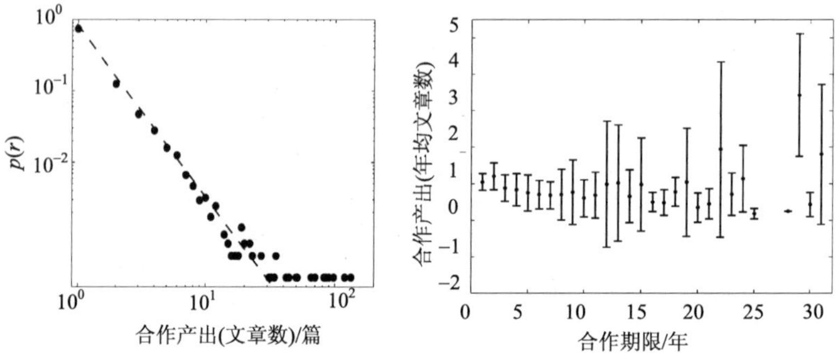

(a) 每对合作关系的科研产出数量的概率分布

(b) 合作时间和年均合作产出的关系

图 5.3　科学家合作时间跨度和发表文献数量统计

科学家合作网络是一个快速演化的社会网络。为了更全面地表现出科学家合作网络的演化特征，我们构建了 2 种科学家的个人中心网络(ego-network)。

一阶合作网络　网络的节点包括科学家和他的直接合作者。网络的边是这些科学家之间的联名发表论文关系。

二阶合作网络　网络的节点包括了科学家、他的直接合作者和他的间接合作者。间接合作者是那些和该科学家的直接合作者共同发表过论文，但没有直接和该科学家共同发表论文的人。

图 5.4 所示为某位科学家在两个连续但是不重叠的时间窗内(长度为 5 年)的二阶合作网络示意图。图中，星形节点(★)表示这位科学家，实心圆圈(●)表示的节点是这位科学家的直接合作者，空心圆圈(○)表示的节点是这位科学家的间接合作者。节点面积越大，则表示这位科学家在这个合作网络中发表的科学论文数据越多。每一条边的粗细代表了这一对合作者间共同发表论文的数目多少。我们可以看出，两个

网络的结构非常不一样。

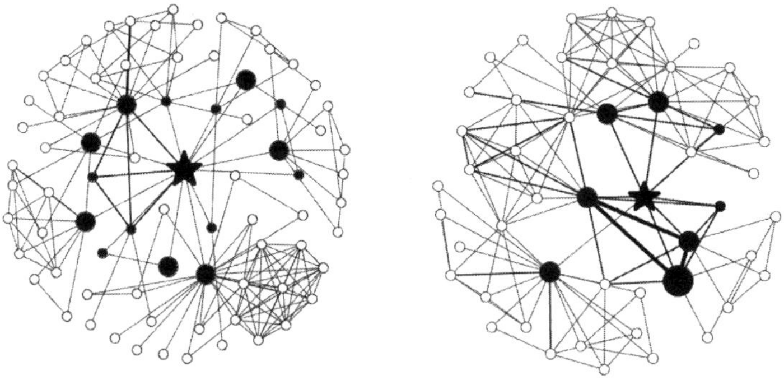

图 5.4　某位科学家的二阶合作网络演化的示意图

我们将时间窗的长度固定为 5 年，然后测量一个科学家从开始发表科学论文的那一年开始所有的时间窗内他的个人中心网络的结构特征变化。这里用 4 个参数来刻画一个个人中心网络：节点个数 N，边的数量 M，聚类系数 C 和网络效率 e。聚类系数测量了当两位科学家同时与第三位科学家合作时，这两位科学家也同时进行合作的条件概率。概率越高，则网络中节点的关系越紧密。网络效率(network efficiency)由公式获得

$$e=\frac{1}{N(N-1)}\sum_{i\neq j}\frac{1}{d_{ij}}\ ,$$

式中，d_{ij} 表示节点 i 和 j 之间的最短距离。如果网络中所有节点之间全部直接相连，那么网络的效率为 1，而如果节点间的平均距离较远，那么网络的效率则较低。

图 5.5 所示为 2 位科学家(A,B)在学术生涯的前 20 个时间窗口中，一阶和二阶合作网络的参数变化。图 5.5(a)~图 5.5(b)和图 5.5(c)~图 5.5(d)分别表示这两位科学家的合作网络的演化过程。图 5.5(a)和图 5.5(c)为一阶合作网络的节点个数 N，边的数量 M，聚类系数 C 和网络效率 e。图 5.5(b)和图 5.5(d)为二阶合作网络在每个时间窗口内的节点个数 N，边的数量 M，聚类系数 C 和网络效率 e。2 位科学家的合作网络以 2 种

截然不同的方式进行着演化。A 科学家的一阶合作网络在第 10 个时间窗左右有了质的扩大，他的二阶合作网络也在第 13 个时间窗左右突然增大。而 B 科学家的一阶和二阶个人中心网络，在第 7 和第 16 两个时间窗处有 2 次爆发。

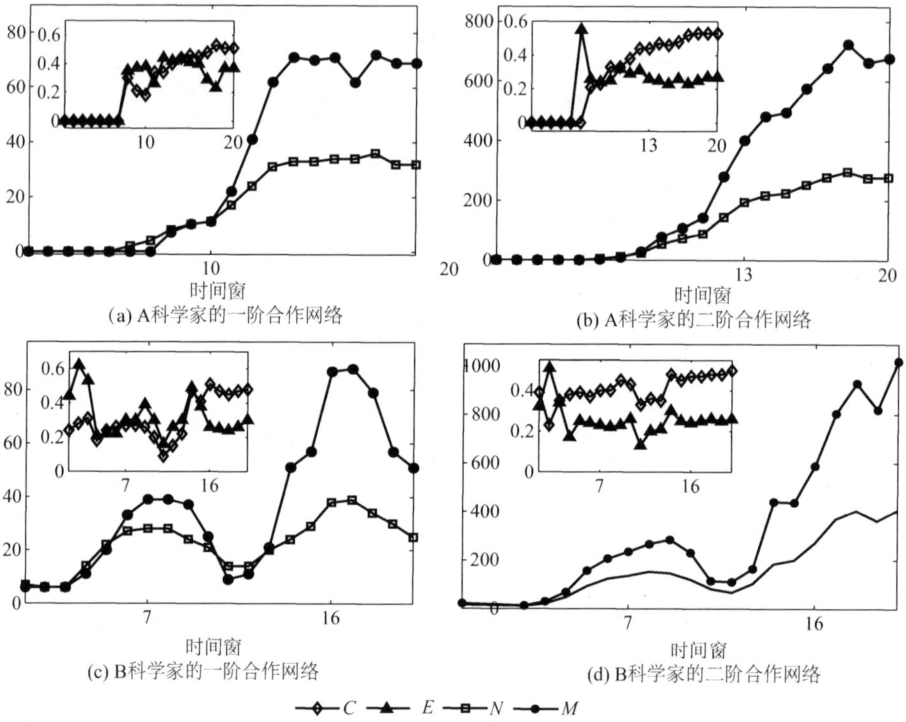

图 5.5　两个不同科学家的合作网络的演化过程

科学家们的个人中心合作网络的演化遵循着各式各样的轨迹。网络演化的原因也可能不尽相同。例如，科学家在某些时间可能把工作重心转向了临床事务，则在科学研究方面投入较少的精力，从而造成合作网络的减小；或者科学家在某一年获得一大笔科学项目资金，得以和更多的研究学者进行合作，从而使得合作网络扩大。尽管科学家合作网络在微观层面的演化节奏非常快，并且每一位科学家的合作网络演化的过程都不尽相同，但是这个巨大的复杂网络系统在宏观上却表现出稳定性。在不同的时间点，整个科学家合作网络的大小、平均距离、度分布规律等结构特征均基本保持不变。这一现象值得我们对现有的模拟网络生成机制的模型加以重新思考。传统的随机网络模型、小世界模型或偏好选择模型中，节点间的联系一旦生成，就永远存在于网络中。但是如果将节点间联系的“寿命”考虑进来，模型将会变得更加有趣。甚至于，我们应当考虑网络的成长机制与网络上动态过程的相互反馈，以刻画节点间关联的生命周期，从而建立更加符合实际情况的网络模型。

自我修复的力量

在第一节中，我们以生态系统、金融系统为例，说明了不断演化的复杂网络具有一定的自我修复的功能。而人类社会作为一个典型的不断演化的复杂网络，自然也拥有自我修复的功能。这里我们依旧用科学家合作网络的例子，来证明这一事实。

网络的攻击行为是将网络中的节点或边移除。对于社会网络，典型的攻击行为就是人的死亡。这一节中，我们就来观察一些著作等身的优秀科学家的突然死亡会对其合作网络产生怎样的影响。我们从那些工作在美国的生命科学家中找到了21位英年早逝的科学家。这些人以未预料到的方式意外去世(如车祸、突发性疾病等)，在他们自己研究生涯的中期阶段就匆匆离世。他们在死时已经拥有了至少10年活跃的学术生涯和耀眼的学术成就，并且每一位科学都至少与其他20位科学家有过合作。把这21位科学家作为实验中的观察组，我们也另外挑选了一批杰出的生命科学家作为实验的对照组。对照组中包括：国家科学协会(National Academy of Sciences)里从事生命科学研究的现有成员、国家科学协会里从事生命科学研究的退休成员以及截至2010年由ISI Web of Science检索的引用量前500位的生命科学家。最终，我们在这些科学家中找出了在学术生涯中至少保持了10年的活跃度，并且至少与教员名单上的其他20位科学家有过合作的77位科学家。观察组和对照组的科学家们都拥有令人瞩目的科学成就，都是科学界的“超级巨星”。下面我们就用在世的超级巨星和已逝的超级巨星来指代实验中的这两组科学家。超级明星不仅在学术成就上表现出色，而且在科学家合作网络的建立上也很重要。图 5.6 所示为超级巨星们在整个科学家合作网络中的度分布情况。整个网络的平均度为 32，77 位在世超级巨星的平均度为 57，几乎为整个网络平均度的 2 倍。21 位已逝超级巨星的平均度数为 35，也高于整个网络的平均水平。由于这 21 位早逝的科学家在死前已具有可观的学术成就，因此，如果这些人继续工作若干年，其合作网络的规模也应该能够扩大到相应的规模。

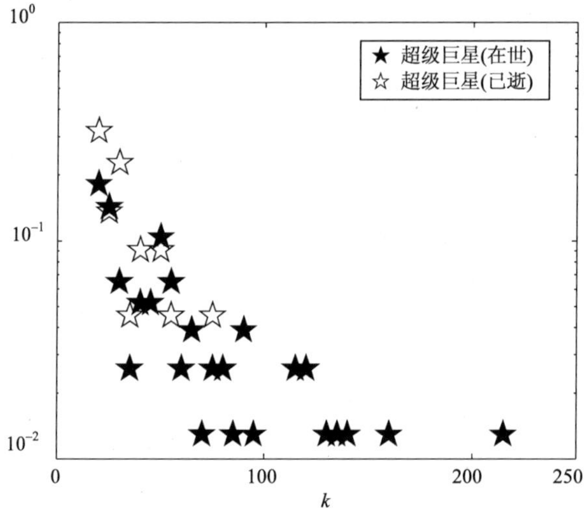

图 5.6　两组科学合作网络的度分布

为了观察超级巨星科学家的死亡对网络的结构演化过程产生什么影响，我们需要构建他们死亡之前的合作网络和他们死亡之后的前同事们的合作网络。将时间窗口的长度设置为 5 年，我们延续上一节对一阶合作网络和二阶合作网络的定义，分别表示超级巨星死前的最后一个时间窗口内，他们和直接、间接合作者之间的合作情况。另外，类似于一阶合作网络和二阶合作网络，还定义了 2 个网络：

去核一阶合作网络。已逝超级巨星最后一个时间窗口内的直接合作者之间，在超级巨星死后的第一个时间窗口内的合作网络。

去核二阶合作网络。已逝超级巨星最后一个时间窗口内的直接合作者，在超级巨星死后的第一个时间窗口内，与他们的所有新合作者之间的合作网络。这个网络也包含了去核一阶合作网络的所有节点和边。

图 5.7(a)和图 5.7(b)所示分别为一个超级巨星死前的最后一个二阶合作网络和他们死后的去核二阶合作网络。图中星形节点表示这个超级巨星，黑色的节点表示超级巨星在死前最后一个时间窗口内的合作者。根据定义，图 5.7(a)中的实心圆形(●)节点和图 5.7(b)中的实心圆形(●)节点是相同的，由于图 5.7(a)中有一个实心圆形(●)节点所代表的科学家在下一个时间窗口内没有发表论文，所以并没有出现在图 5.7(b)中。至于空心圆形节点，代表了实心圆形(●)节点在当前的时间窗口中的合作者。因此，图 5.7(a)和图 5.7(b)中的空心圆形(○)节点不一定代表了同一批科学家。

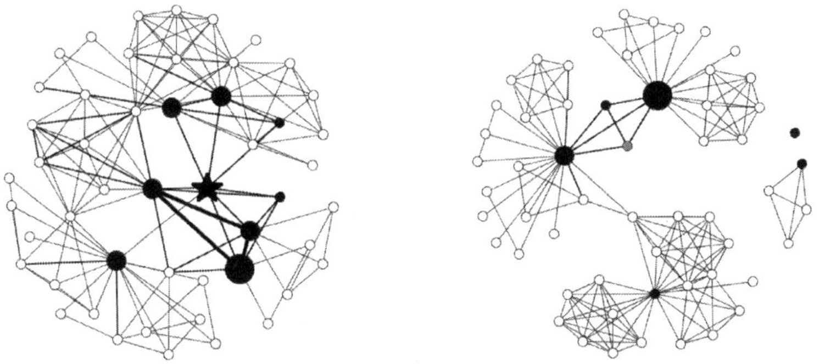

(a) 二阶合作网络　　(b) 去核二阶合作网络

图 5.7　某位超级巨星死前的最后一个二阶合作网络和他死后的第一个去核二阶合作网络的示意图

通过对比超级巨星最后的合作网络和死后的去核合作网络，我们可以比较超级巨星的去世对他的合作者们的团队建立有什么样的影响。对比这两个网络的 4 个参数量：节点数目 N、边的数目 M，聚集

系数 C 和网络效率 e 的变化，得到了节点数目的变化百分比 ΔN、边的变化百分比 ΔM、聚集系数的变化百分比 ΔC 和网络效率的变化百分比 Δe。表 5.1 呈现了 21 位已逝超级巨星死前和死后的合作网络中各参数的平均值以及参数变化的平均百分比。结果显示，相比于一阶合作网络，去核一阶合作网络平均仅减少了 2 个节点，然而边的数量却急剧下降。伴随边的数量骤减，聚集系数和网络效率都有了明显地下降。与二阶合作网络网络比较，去核二阶合作网络的节点数和边数都有了显著的上升，聚集系数几乎不变，网络效率减少了一半。数据表明，在超级巨星死后，他之前的直接合作者们几乎完全断绝了互相的联系，并从其他的地方找到了更多的合作对象。

表 5.1　超级明星死前一阶和二阶合作网络参数、死后去核一阶和二阶网络参数及参数的平均变化比例

参数	一阶			二阶		
	一阶合作网络	去核一阶合作网络	变化率	一阶合作网络	去核一阶合作网络	变化率
节点数目 N	12.57	10.33	−18%	81.57	105.29	+29%
边的数目 M	28.24	4.57	−84%	203.90	306.81	+50%
聚类系数 C	0.48	0.08	−83%	0.48	0.51	+7%
网络效率 e	0.75	0.11	−86%	0.43	0.21	−50%

虽然已逝的超级巨星死后，合作者们的一阶网络支离破碎，但是我们并不知道这是因为超级巨星的突然死亡刺激了其前合作者，使得他们以有效的方法重组了自己的网络，还是社会网络就是按照这样的规律演化的。为了确定网络的这种演化方式是否由突发性死亡引起，我们将对照组的数据也加进来，检验 77 位在世的超级巨星们的合作网络的结构特征变化是否与去世超级巨星的合作网络变化一致。首先，我们定义科学家的学术年龄从他的首篇学术论文发表的时间算起。接下来，我们为在世超级巨星们也建立一阶和二阶合作网络。最后，还需要为对照组的超级巨星们建立去核的一阶和二阶合作网络。由于这

些超级巨星仍健在，则需要假设这些超级巨星在 y 岁去世，并在此后的时间里抹去他所有的学术成果，就可以建立和去世超级明星一样的去核合作网络。我们使用了两种不同的非参数统计方法来对比观察组和对照组的数据是否有明显区别。

检验 1 如果某位超级巨星死于学术年龄 y 岁，那么对照组中在学术年龄 y+5 岁还保持活跃的科学家就被挑选出来。接着，测量两组超级明星最后的一阶和二阶合作网络与去核一阶和二阶合作网络的参数变化的比例。设 θ 为网络参数的变化量，我们检验了是否观察组的每项 θ 都落在对照组的 θ 值所在的范围中。对于对照组，设 $U=\max(\theta)$，$V=\min(\theta)$。对于观察组中的每位超级巨星 i，如果 $U\geqslant\theta_i\geqslant V$，则 $d_i=1$，否则 $d_i=0$。由此，我们可以得出观察组中每位超级巨星的 θ 值落在对照组的 θ 的范围之内的概率为

$$P(U\geqslant\theta\geqslant V)=\frac{\sum d_i}{21}。$$

表 5.2 总结了概率的测量结果，几乎所有超级巨星死亡前后个人中心网络的参数变化都落在了由正常演化的合作网络的参数变化区间内。

表 5.2 观察组与对照组网络演化趋势的比较

参数	检验 1：P		检验 2：p-值	
	一阶合作网络变化量	二阶合作网络变化量	一阶合作网络变化量	二阶合作网络变化量
ΔN	21/21	21/21	0.52	0.27
ΔM	20/21	20/21	0.45	0.24
ΔC	21/21	20/21	0.68	0.22
Δe	21/21	21/21	0.36	0.53

检验 2 检验用到 Wilcoxon 秩和检验(Wilcoxon's two-sided rank sum test)。我们分析了 21 位已逝超级巨星死亡时的学术年龄分布，并

将观察组的超级巨星的假定死亡年龄也设定为符合这一分布。接下来，我们对比这两组超级巨星的合作网络和去核合作网络的结构参数变化 θ。对于每个 θ 值，我们都做出零假设：观察组和对照组的样本取自中值相同，且具有相同连续分布的数据，而不是没有相同中值的数据。表 5.2 记录了每个参数所对应的检验 p-值。假定令显著性水平为 95%，我们发现 p-值均大于 0.05，即观察组和对照组的样本取自中值相同，且具有相同连续分布的数据。也就是说，已逝超级巨星的网络参数的变化与在世超级巨星所在的网络演化事实上没有差别。

统计测试表明，没有证据显示一个杰出科学家的突然死亡会对其合作者的科学合作网络的演化产生显著影响。也就是说，由于科学家合作网络内部连接的快速更迭，一个重要科学家突然去世对网络的影响被抵消！人的死亡是对社会网络攻击的典型案例。但是令人惊讶的是，我们用历史数据证明，即使攻击的对象是社会网络中的重要节点，也并不会对网络的结构和演化趋势造成什么影响。由此可见，具有演化特征的社会网络表现出了强大的自我修复能力。

本章小结

本章研究了高速演化的社会网络在受到攻击之后的自我修复能力。我们利用科学家联名发表论文的关系建立了科学家间的合作网络。科学家间的合作关系持续一年以上的情况不到 20%，其原因是长期的科学合作并没有比短期的科学合作在成果的产量方面拥有更大的优势。因此，科学家的合作对象在不断更新，科学家合作网络的结构也在不断变化。

科学家的合作网络经常面临一些不可预见的攻击，比如科学家的突然离世。值得注意的是，这种科学家突然死亡的情况等效于去除网络中重要节点的攻击。毋庸置疑，杰出科学家的死亡对于他们所在的领域是一种巨大的损失。研究显示，已逝科学家的合作者在接下来的时间里发表论文的数量会下滑 5%~8%，但是本章的数据显示科学家的死亡并没有影响到剩余网络的拓扑演化规律。

科学家的合作网络以一种非常特别的方式进行演化，每个人在一定时期内的直接合作者而在下个时期内则不再互相合作，反而去寻求其他的合作者，从而扩大个人中心网络的规模。这种演化模式事实上是任意形式的网络扩散过程的一种类推。网络中会产生一种刺激，并通过节点之间的连接把刺激传递给一度邻居、二度邻居……

因此，我们可以推测出科学家合作网络可能并不仅仅是科学家的社交网络，而是在一个更大更密集的不可见的社交网络上信息传播的轨迹。科学家网络只是知识传播的“冰山一角”，这个网络建立在一个更大、更严密的科学家社会网络上，而且这个社会网络才是真正的“水下冰山”。当演化中的网络中的节点被移除时，潜藏的社会网络会启动它的保护机制，保证知识可以在人类社会中继续传播。冗余的底层结构所提供的保护机制，是所有动态系统应对攻击时保持鲁棒性的最佳途径。我们在充分了解了动态演化网络在有针对攻击下的反应之后，就可以根据这种应对规律设计电网、互联网、交通网络等关键的系统，达到更加安全、可靠的目的。

若需获取更多与本章内容相关的图片、视频等信息资料，请访问网页 http://cse.seu.edu.cn/PersonalPage/xfliu/book/superstar.html。

文献注记

典型的具有微观演化特征的网络还有美国的航空交通系统网络。Gautreau 等(2009)研究了美国各个城市之间的航班路线组成的网络。他们发现，虽然航空公司一直在重新安排各自的航线，并且不断有新的城市开辟机场或弃用老旧的机场，但是总体来说，美国航空网的拓扑结构并没有发生巨大的变化。

社会网络是一个复杂的演化网络。最早研究人际网络演化特征的研究是 Zachary(1977)，他对美国一家大学里的空手道社团成员从相识到相熟，到产生不愉快，并最终分裂成两个派别的演化过程进行了跟踪研究。这项研究至今仍是社会科学界对社交网络研究的模板。

比较著名的网络演化模型包括Barabási和Albert (1999)提出的偏好连接模型以及Gross和Blasius(2008)提出的适应性网络模型，这两个模型均能模拟网络的拓扑演化过程。但是以上提到的模型均未考虑节点之间的连接的寿命问题，因此，对网络演化模型的研究还有继续发展的空间。

Albert等(2000)针对2003年的北美大面积停电的分析指出，在关键传输节点分站的干扰行为极大影响了整个电网的功能。此外，Holme等(2002)提出如果对静态的科学家合作网络进行攻击，网络同样会显示出结构脆弱性。然而，我们的研究说明动态网络体现出了与静态网络完全不同的鲁棒性特征，这一特征可以被用来优化电网、互联网等关键基础设备的设计，应用前景非常广阔。

第六章

社会中的共识形成

社会中的共识形成，是社会成员对某一事物的意见达成一致的过程。共识的形成受到教育、宗教、基本社会价值、社会结构、人们的沟通方式等多种因素的影响，因此，共识达成的过程非常复杂，也是社会学中一个永恒的难题。本章里，我们重点研究社会网络的拓扑结构对共识形成的速度和偏见所产生的影响。随着大数据时代的来临，对于人类社会结构的认知已经从以往的简单晶格或随机网络逐步发展为小世界网络和无标度网络。但是，社会网络的结构其实远比这些物理模型更加复杂。本章通过一个简单的共识机制在几个网络物理模型以及一个真实的人际网络中的模拟过程的对比，来说明网络结构的特殊性对社会中共识形成的影响。

共识的形成机制

社会中的共识形成过程一直是社会学家和物理学家感兴趣的问题。在早期的研究中，人类社会并没有被作为网络化的系统来看待。在经典的共识模型中，一个社会被描述为每个人都可以和其他人沟通的全连通系统，或每个人都有同样数目的邻居的网格模式。尽管对人类社会结构的粗糙认识可能妨碍了对共识形成真正过程的正确理解，但是以往的研究中也提出了许多有意义的模型来模拟人与人之间统一意见的过程。它们主要分为以下几种。

选举模型

选举模型(voter model)的产生是模仿了人类在集体选择中的行为，即在做出选择的过程中，网络中的节点在做出选择时会模仿其邻居的行为。其严格的表达为，网络中的每个节点 i 被赋予一个二元意见，即 $x_i = \pm 1$。每一时刻，网络中的节点 i 会随机选择它的一个邻居节点 j，并将自己的意见修改为这个邻居节点的意见，即 $x_i = x_j$。选举模型在社会学、物理学等多个研究领域均有广泛的应用，学者们同时对它提出了许多变种。例如，某个节点被设定为一个“狂热者(zealot)”，它的意见永远不会随着他人改变。又例如，节点的意见 x 可以从二元变为多元，如+1、0 和 –1 等，但意见的模仿依然只会发生在意见相近的邻居节点之间。还有一些选举模型引入“墙头草”式的节点，在模仿他人意见的时候，这些节点会观察多个邻居节点的意见。例如，和自己不同则改变自己的立场。当模型不停迭代，人们不停改变自己的选择时，一般来说社会网络中会达到共识，即所有人意见统一。此外，一些选举模型的变种也会促使网络中不确定事件的发生，并延缓网络共识的产生。

少数服从多数模型

在少数服从多数模型(majority rule model)里，每个节点 i 也被赋予一个二元意见，即 $x_i = \pm 1$。接下来，网络中的节点会自发地，或者受到网络的拓扑影响而组成一个个社团。组成社团之后，社团里的成员会根据少数服从多数的规则统一自己的意见。这个模型模仿的是社会中公开辩论的场景。每次迭代中，节点会重新组织自己的社团，并再次在社团中通过少数服从多数的规则统一成员们的意见。模型迭代的结果并不一定是社会共识，而有可能产生复杂的派别更迭。这个模型也有一些有趣的变种。例如，在社团中多数人有一定概率会被少数人说服，这个模型又被称为多数服从少数模型。又例如，每个节点不止包含对一个事物的二元意见，而是包含了对多个事物的二元意见，从而形成一个复杂的意见组合。如此带来的模型演化过程就更为复杂。

社会影响模型

社会影响模型(social impact theory)中，每个节点 i 也被赋予一个二元意见，即 $x_i = \pm 1$。除此之外，每个节点还有 2 个其他的参数：说服力 p_i 和支持力 s_i，分别表示在这个节点与其他节点互动的过程中，使别人改变意见和使别人保留意见的能力。将节点 i 和节点 j 之间的距离表示为 d_{ij}，那么，在任意时间点，节点 i 的社会影响 I_i 可以表示为

$$I_i = \left[\sum_{j=1}^{N} \frac{p_j}{d_{ij}^{\alpha}}\left(1 - x_i x_j\right)\right] - \left[\sum_{j=1}^{N} \frac{s_j}{d_{ij}^{\alpha}}\left(1 + x_i x_j\right)\right],$$

式中，$\alpha > 2$ 表示社会影响随着距离减小的系数。

上式右侧第一项为这个节点说服别人改变意见的能力；第二项为它使别人保留自己意见的能力。使用这个公式，节点的说服影响和支持影响都与说服力、支持力成正比。如果在模型中加入社会大环境对一个节点 i 的影响 h_i，如媒体报道对个人意见的影响，那么一个节点的意见变化可以表示为

$$x_i(t+1) = -\mathrm{sgn}\left[x_i(t) I_i(t) + h_i\right],$$

因此，如果大环境影响力足够大，那么一个节点的观点是会被改变的。这个模型可能最终达到的状态非常多，有兴趣的读者可以在本章最后文献注记中寻找答案。

Axelrod 模型

Axelrod 模型是文化动力学模型的一种。这一模型中，每个节点 i 被赋予 F 个整数变量 $x_1(i)$, …, $x_F(i)$，每个变量可以取 q 个值。这些变量又被称为文化标志，q 是每个文化标志可以产生的性状的数目。这个模型最典型的是被用来模拟人类个体的“信仰、态度和行为”几个表像。每个时刻，一个节点 i 和它的邻居节点 j 会被选出，并计算一个概率 $w_{i,j}$：

$$w_{i,j} = \frac{1}{F}\sum_{f=1}^{F} \delta_{x_f(i), x_f(j)},$$

式中，δ 是 Kronecker 的 delta(Δ)。在 $w_{i,j}$ 的概率下，节点 i 和节点 j 产生一个互动，F 个文化标志中不同的某一个会变为相同。在这样的互动规律下，节点间的文化性状趋于相同。但是这样的互动更倾向于发生在文化性状相似的节点之间，从而最终导致几个不同文化社团的出现。

Deffuant 模型

Deffuant 模型是有界自信模型的一种。在这一模型中，每个节点 i 均被随机赋予一个初始意见 x_i，这里的 x_i 是一个 0 到 1 之间的实数。每次迭代时，模型随机选择网络中的两个节点 i 和 j，它们的意见分别是 x_i 和 x_j。如果 x_i 和 x_j 之间的差距小于某一个阈值，那么 x_i 和 x_j 被更新为它们的平均数。因为每次进行互动的节点意见的差距均在一个范围之内，因此这个范围又被称为“自信”的范围。在 Deffuant 模型中，网络中可能达成共识，但最终也可能会有几个不同意见的社团出现。

除了上述的共识形成模型之外，学者们还提出了许多模型对社会中观点的形成进行模拟，其中包括：易辛模型(Ising model)、Sznajd 模型、语言博弈(language game)及各种群集行为模型等。本章中，我们将要详细分析的模型是 DeGroot 共识模型。相比上述的一些模型，这个模型的规则并不复杂。但是这个模型不仅使用于社会学领域，也被广泛应用在工程领域。因此，本章得出的结论，不仅适用与社会学范畴，更可以被扩展至工程、控制等多个应用场景中。

DeGroot 共识模型

本章中，我们使用的社会共识模型是 DeGroot 模型。假定网络中共有 N 个节点，每个节点 i 有一个意见 x_i，且为一个 0 和 1 之间的实数值。在共识的形成过程中，节点的影响通过与自己相连的边传递给邻居。每条边都有自己的权重，这个权重代表了这条边上影响的强度。模型从初始状态 $X(0)=\{x_1(0),\cdots,x_N(0)\}\in\mathbb{R}^N$ 开始，每一步，每个节点都会依照下面的式子更新自己的状态

$$x_i(t+1)=\sum_{j=1}^{k}w_{ji}x_j(t),$$

式中，j 是节点 i 的邻居；w_{ji} 是边 e_{ji} 的权重；k 是节点 i 的度。

在这个模型中，每一步，每一个节点都会将其邻居节点的意见汇总并平均，以更新自己的意见。我们的模型中也考虑了节点本身的意见对自己下一时间点意见的影响。一个节点对其他节点的影响的总和，也就是节点的影响力 f_i 可以表示为

$$f_i(t+1)=\sum_{j=1}^{k} w_{ji} x_i(t),$$

式中，节点 j 是节点 i 的邻居。当边的权重不作特别规定的时候，$\sum_{j=1}^{k} w_{ji}=1$。

在工程领域中，DeGroot 模型是一个简单的平均值模型。这个模型又可以用矩阵的形式表示为

$$X(t+1)=\boldsymbol{T}\cdot X(t),$$

式中，$\boldsymbol{T}$ 是由节点间的连接矩阵 $\boldsymbol{A}$ 转化而来的变换矩阵。

假设一个网络的邻接矩阵 $\boldsymbol{A}$ 为

$$\boldsymbol{A}=\begin{bmatrix} 1 & 1 & 0 \\ 1 & 1 & 1 \\ 0 & 1 & 1 \end{bmatrix},$$

那么这个网络的变换矩阵 $\boldsymbol{T}$ 就是

$$\boldsymbol{T}=\begin{bmatrix} 0.5 & 0.5 & 0 \\ 0.3 & 0.3 & 0.3 \\ 0 & 0.5 & 0.5 \end{bmatrix}。$$

DeGroot 模型在控制理论中也被运用于描述机器人的协调控制中。机器人控制讲求精度，需要所有机器人完全同步协调开展工作。模型达到完全共识时，

$$\left\|x(t)-x^*\right\|=0,$$

式中，x^*是所有节点的意见达成共识时每个节点的意见值。$\|\cdot\|$代表向量范数的计算，我们也可以简单认为是这个向量中所有值的平均值或标准差。在控制理论中，系统达到完全共识的时间通常利用变换矩阵的拉普拉斯矩阵求解。但是社会共识不是这么简单，由于社会中完全的共识并不存在，所以利用矩阵特征求解共识速度的方法在社会学中就没有实用的价值。因此，我们根据社会学的理论，提出一个近似共识的概念。即当网络中节点意见的分歧不高于某个阈值的时候，我们就认为社会共识已经形成。用严格的方式描述这一定义，即

$$\left\|x(t)-x^*\right\|\leqslant\varepsilon。$$

式中，ε是一个任意规定的较小的值。

而社会共识达成的时间和最终共识的意见是什么，最便捷的方法是通过模型的仿真来得到。

度分布对共识结果的影响

早期的社会学研究中，学者们把社会网络当成一个全连通的网络来处理。也就是说，在这个社会中，每个人都认识其他人。当人与人之间产生互动的时候，互动关系也是随机选择出来的。通过前一章的内容，我们知道人际网络并不是这么简单。全连通的模型也只适用于非常小的社会团体中。真实的人类社会的网络动辄上万个节点，拓扑结构非常复杂，需要考虑的结构特征非常多。要回答拓扑结构对社会共识产生的影响，首先要将问题缩小，把研究重点聚焦到网络的某一个拓扑性质上来。这里我们介绍一个常用方法——异质平均场(heterogeneous mean-field)分析法。平均场方法源自理论物理，它是把环境对物体的作用进行一致化，以平均作用效果替代单个作用效果的加和的方法。这个方法能简化对复杂问题的研究，把一个高次、多维

的难以求解的问题转化为一个低维问题。在网络科学中，平均场的含义是将所有节点视为同样的节点，并进行分析。而异质平均场是将拥有某种同样属性的节点视为同样的节点，并将复杂网络简化为仅有某项属性不同的几个节点小组之间的网络的分析方法。在传统社会学中有时会将研究对象按照年龄、性别或种族分类，这其实也是异质平均场的方法。假设网络中所有拥有同样数目的邻居(即度相同)的节点在共识形成过程中的行为都是一样的。将有同样的度的节点视为一个整体，那么在 DeGroot 模型中，所有度为 k 的节点在每一时间的意见变化均值 x_k 为

$$x_k\left(t+1\right)=\frac{1}{N_k}\sum_{k'}M_{k'k}\frac{x_{k'}(t)}{k}, \tag{6-1}$$

式中，N_k 是度为 k 的节点的数目；$M_{k'k}$ 是连接度为 k 和度为 k' 的节点组之间的边的总数；$x_{k'}(t)$ 是所有度为 k' 的节点在时间 t 的意见均值。

根据异质平均场方法，度为 k 的节点每一时间的影响力 f_k 为

$$f_k\left(t+1\right)=\frac{1}{N_k}\sum_{k'}M_{kk'}\frac{x_k(t)}{k'}。 \tag{6-2}$$

每个网络中，$M_{kk'}$ 的值都是不一样的。下面，我们定义 $P_e\left(k\right)$ 为网络中任意一条边连接在度为 k 的节点上的概率，即

$$P_e\left(k\right)=\frac{M_k}{M},$$

式中，M_k 是连接在 k 上的节点的边的总数；而 M 是网络中边的总数。

同时，我们也定义 $P_e\left(k'|k\right)$ 为网络中一条边一端连接在度为 k 的节点上，另一端连接在度为 k' 的节点上的概率，即

$$P_e\left(k'|k\right)=\frac{M_{k'k}}{M_k}。$$

如果网络不同度的节点组之间的连接方式是随机的，那么实际上

$P_e(k)$为和$P_e(k'|k)$为的值应该相等，即，

$$\frac{M_{k'}}{M}=\frac{M_{k'k}}{M_k}\text{。}$$

因此，在这个情况下，式(6-1)和式(6-2)就可以改写为：

$$x_k(t+1)=\sum_{k'}\frac{M_{k'}}{M}x_{k'}(t)\text{，}\tag{6-3}$$

和

$$f_k(t+1)=\frac{k}{\langle k\rangle}x_k(t)\text{。}\tag{6-4}$$

式中，$\langle k\rangle$是网络中节点度的平均值。

式(6-3)和式(6-4)表达的意思是，在一个度的混合为随机的网络中，节点的自身状态的更新只取决于网络的度分布，而一个节点的影响力，只取决于它的度k。

自从社会网络作为一个专门的研究对象出现在社会学中，人们便提出了很多数学模型来描述真实的人类社会网络。早期的研究认为人类的社会网络是一个随机网络。慢慢地，人们意识到人类社会的小世界特性。直到21世纪初，社会网络的长尾特征才逐渐被大家所重视。这里，我们将共识模型在具有同样的节点数目和边的数目的两个网络模型——符合二项式度分布的 Erdős-Rényi (ER)随机网络模型和符合长尾分布的 Barabási-Albert (BA)偏好连接模型中相比较。构建 BA 模型的过程是，首先设置 16 个初始节点，随后在网络中不断加入新的节点，每个新节点都会和网络中已有的 15 个其他节点连接。网络中已有节点被连上的概率和它的度成正比。最终形成的网络具有幂律分布的度分布，幂律指数为 3。将每一组度为k的节点的累积影响力表示为$N_k f_k$，那么一组节点的累积影响力就只受网络的度分布决定。图 6.1 所示为随机网络和 BA 网络中拥有不同度的节点的累积影响力。我们发现，在随机网络中，度既不大也不小的节点所产生的累积影响力最大，这是因

为这部分节点的数目在网络中占绝大多数。在BA网络中，我们发现与随机网络恰恰相反，度最小和度最大的两部分节点的累积影响力最大。度最小的节点虽然每个节点的影响力较低，但是在网络中数量最大，叠加之后影响力变得很大。度最大的节点虽然数量很小，但是每个节点所拥有的邻居都很多，单个节点的影响力非常大，所以累积影响力也很大。这有时也被称为双尾效应。

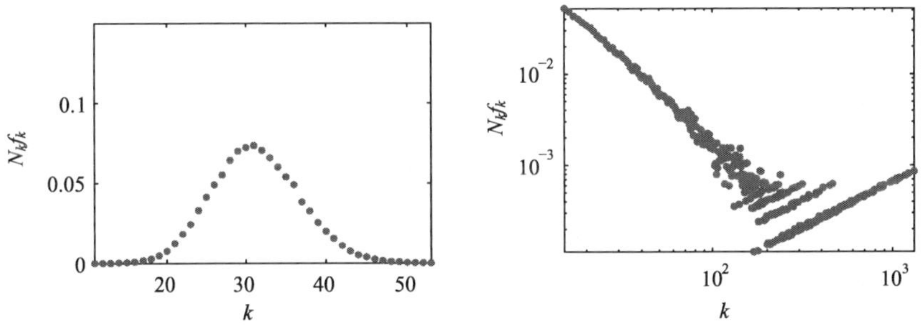

(a) 随机网络　　(b) BA 网络

图 6.1　随机网络和 BA 网络中的节点组影响力

接下来通过仿真的过程来观察共识在网络中形成的过程。这个过程中，每个节点 i 首先会首先被赋予一个初始值 $x_i(0)$。将网络中节点的度 k 顺序排名，最小的度排名为 0，并依次递增。度为 k 的节点将被赋予初始值 x_k

$$x_k = \frac{k\text{的排名}}{\text{最大}k\text{排名}},$$

x_k 的值分布在 0 和 1 之间。拥有最小出度的节点的初始值为 0，拥有最大出度的节点的初始值为 1。接下来，节点之间相互交换意见，模型开始迭代。

为了表示网络中共识达成的过程，我们测量所有节点意见的平均值和标准差。如图 6.2 所示，随机网络的初始值为 0.44，BA 网络的初

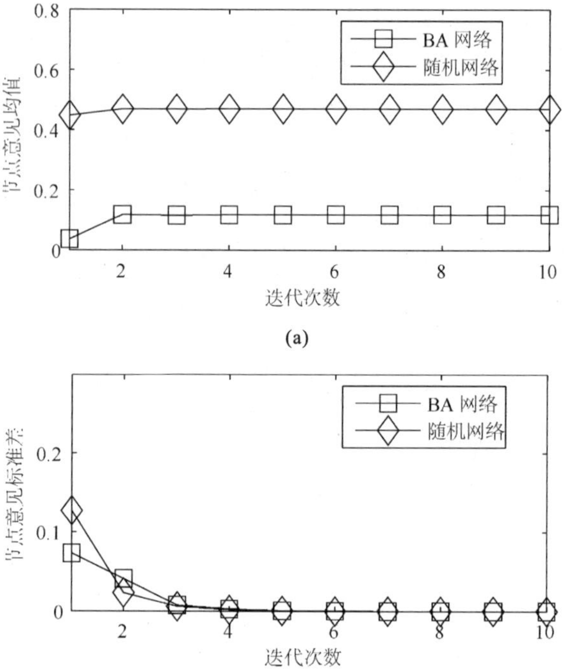

(a)

(b)

图 6.2　所示为共识在 2 个网络中形成的过程

始值均为 0.03。仿真开始后，2 个网络中节点意见的平均值迅速达到一致。区别是随机网络的节点意见平均值几乎保持不变，但是 BA 网络的节点意见均值升高达到 0.1。这是由各个网络的度分布所决定的。随机网络中度分布为二项式分布，网络中的意见最终会统一为入度排名在中间的节点的意见。而 BA 网络为长尾分布，度非常大的节点在网络中具有很大的影响力，可以迅速将网络中的意见均值升高。

从本节的分析中，我们可以看出，网络的度分布对共识的影响在于最终达成的意见归属。在一个符合二项式度分布的随机网络中，网络的意见大部分集中在度既不大也不小的大量“中产阶级”手中，它们的意见取值也较为中庸。因此，网络中所有节点的意见迅速收敛为这些中产所持有的意见。但是在具有长尾度分布的 BA 网络中，虽然意见的大多数集中在度最小的节点手中，但是由于度最大的那些节点的影响力也很巨大，整个网络的最终共识意见值反而被拉高。

度混合对共识形成速度的影响

在前一节中，我们假设在社交网络的度分布已经确定的情况之下，网络中每个节点与其他节点的相连都是随机的。也就是说，对于每一组按照度分组的节点来说，从总体上来看，这一组节点的邻居中具有不同度的节点的比例，与整个网络中具有不同度的节点的比例是相等的。用严格的形式表达，即 $P_e(k)=P_e\left(k'|k\right)$。在这个前提下，每一组节点所接收到的信息，等同于整个网络中所包含的信息。但是现实生活中，节点与节点间的连接并不是随机的。每一个节点都有可能更倾向于和具有某些特定特征的节点相连。这一节中，我们将有针对性的研究组与组的节点之间的连接随机性，即度混合的模式，对网络共识的形成过程有什么样的影响。常用的网络模型，如随机网络模型、小世界网络模型、偏好连接模型等都是基于随机连接的网络模型。这些模型中的度混合都是随机的，因此均不适用。为了开展研究，首先需要找到一个度混合并不随机的真实的社交网络。

2014 年 1 月，Facebook 公司市值 1400 亿美元；Twitter 市值 350 亿美元；人人网市值 12 亿美元；新浪市值 50 亿美元。上面这些公司最有价值的产品都不是看得见的实体，而是看不见的在线平台。在这些平台里，人们可以建立和不断更新关于自己的资料，接收指定的其他用户的资料更新，并和他们进行互动。在线社交平台服务颠覆了人们的社交体验，甚至改变了人们的性格。目前世界上大约一半的人都在使用一种或几种在线社交服务。活跃的用户通常会将自己的线下社会关系复制到线上来，并在线上继续拓展自己的社交关系。因此，这些社交网站中储存着的社会结构也就成了人类社会结构的一个缩影，甚至是一个直接的映射。

这里我们使用在线社交服务中储存的社交关系作为真实社交网络的实例。我们特别选择了广播式自媒体网站，如 Twitter、微博等中的社交网络。在这些网络中，每个用户所发出的信息都可以被任意用户搜索到。对某个用户感兴趣，则可以选择“关注”他，并开始自动接收其所有消息的更新。这种“关注”关系，在网络上可以表示为有方向的边，从被关注的用户指向接收信息的用户，也就是信息传递的方向。如果两个用户互相“关注”，那么两个用户之间就会存在两条方向相对的边，代表信息可以双向传递。这样形成的社交网络，真实的体现了社会中信息流通和意见交互的关系。

我们选取了 Twitter 网站的前 6 万名用户之间的“关注”网络，网络里共有 165 万条有方向的边。这些用户中，存在一些只是注册并体验网站的不活跃用户，表现为这些用户没有“关注”任何人。去掉这些不活跃用户之后，还剩下 5 万名用户，158 万条边，平均每个用户“关注”了 31 个人。在这 158 万条边中，只有 54%的边(86 万条)有与之方向相对的边。其余的 72 万条边均代表了信息只能单向传递。由于网络中的边是有向的，节点的度就需要使用两个独立的量来表示，即指向这个节点的边的数目——入度；从这个节点发出的边的数目——出度。图 6.3 所示为 Twitter 用户网络的入度和出度分布图。从图中可以发现，入度和出度的分布几乎是一样的，都符合幂律分布。同时，只有少部分节点有超过 1000 个“关注”对象或“关注”自己的用户。

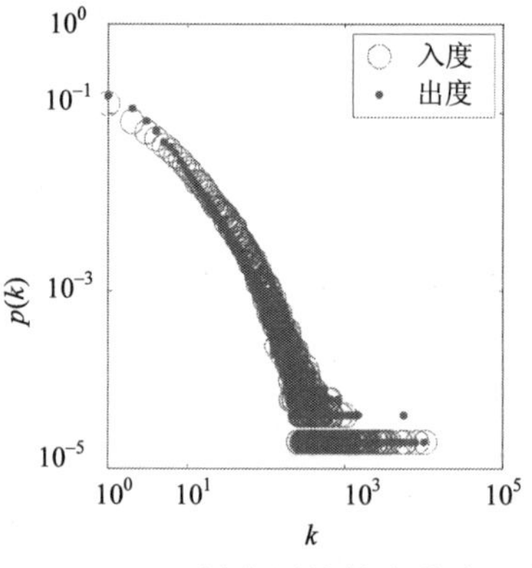

图 6.3　Twitter 用户网络的度分布示意图

虽然出度和入度的分布相似，但是从微观角度来观察，我们发现一个节点的入度和出度大小之间并没有必然的联系。图 6.4(a)中的每一个点代表了 Twitter 用户网络中的一个节点，横坐标代表了节点的入度，纵坐标代表了节点的出度。每个节点的关注对象数和粉丝数虽然具有一定的线性关系，但是并非完全对称。粉丝数很少而关注人数很多，或者关注人数很多而粉丝数很少的情况都很常见。如果将观察的范围缩小至出度和入度均小于 400 的节点，如图 6.4(b)所示，我们就会发现入度和出度的相关性则很弱。这从一个侧面说明在 Twitter 用户网络中，节点之间的相互连接模式非常复杂。

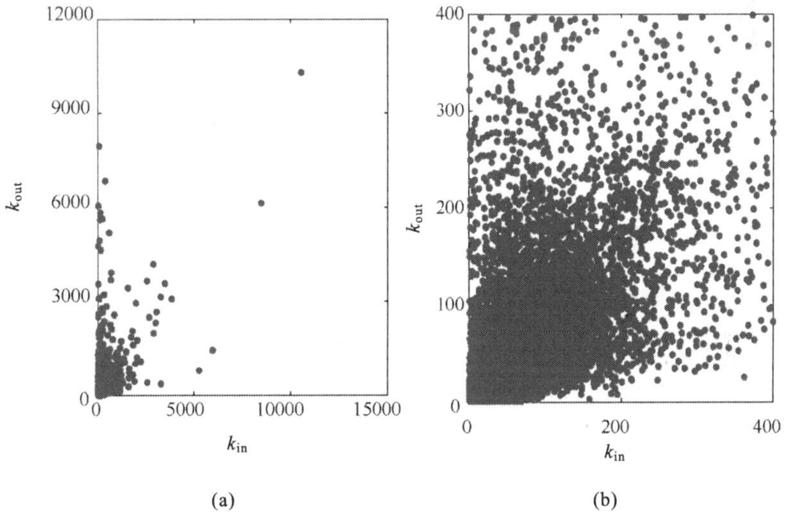

图 6.4　Twitter 网络每个节点的入度 k_{in} 和出度 k_{out} 大小示意图

图(b)是图(a)左下角部分的局部放大

按照上述方法，我们将 Twitter 用户网络中的节点按照入度 k_{in} 和出度 k_{out} 分组。注意，每一个节点都会被分在 k_{in} 和 k_{out} 2 个组中。和无向网络中的定义类似，我们以 $P_e(k_{out})$ 表示网络中任意一条边是从出度为 k_{out} 的节点发出的概率，即

$$P_e(k_{\text{out}}) = \frac{M_{k_{\text{out}}}}{M},$$

式中，$M_{k_{\text{out}}}$ 是从出度为 k_{out} 的节点出发的边的总数。

我们以 $P_e(k_{\text{out}}|k_{\text{in}})$ 表示在网络中所有指向入度为 k_{in} 的节点的边中，从出度为 k_{out} 的节点出发的概率，即，

$$P_e(k_{\text{out}}|k_{\text{in}}) = \frac{M_{k_{\text{out}}k_{\text{in}}}}{M_{k\text{in}}},$$

式中，$M_{k\text{in}}$ 是指向入度为 k_{in} 的节点的边的总数。

假如网络中度的混合是随机的，则 $P_e(k_{\text{out}}) = P_e(k_{\text{out}}|k_{\text{in}})$，即，

$$\frac{M_{k_{\text{out}}}}{M} = \frac{M_{k_{\text{out}}k_{\text{in}}}}{M_{k\text{in}}}。$$

如果节点连接到出度为 k_{out} 的节点的概率不为 $P_e(k_{\text{out}})$，即 $P_e(k_{\text{out}}) \neq P_e(k_{\text{out}}|k_{\text{in}})$，那么我们就认为节点接收到有偏见的影响。

想要计算 $P_e(k_{\text{out}})$ 是否与 $P_e(k_{\text{out}}|k_{\text{in}})$ 相同，可以计算整个网络的概率向量 $P_e(k_{\text{out}})$ 和每一组入度为 k_{in} 的节点组的连接概率向量 $P_e(k_{\text{out}}|k_{\text{in}})$ 之间的线性相关性，这里称为度混合相关性 $\rho_{k_{\text{in}}}$。Twitter 用户网络的计算结果如图 6.5(a)所示：在这个网络中，大部分节点组的混合相关性都比较低。尤其是入度在 100~1000 的节点组，它们的度混合相关性最低可以达到 0.1。这表明，这些节点组所受到的外界影响和整个网络产生的意见是不一致的，并且可能偏向于网络中某些特定群体的意见输出。

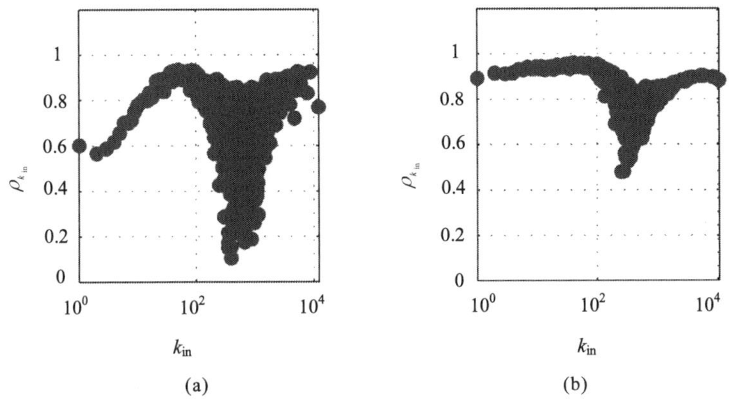

图 6.5 Twitter 用户网络(a)和随机化后的用户网络(b)的度混合相关性的示意图

为了研究这种并不随机的度混合模式对共识的形成过程有何影响，我们需要寻找一个网络模型来与 Twitter 用户网络做对比。这里用到网络随机化的方法。网络随机化的过程是一个保留网络大部分特征，但是使其度混合模式随机化的过程。具体的实施方法为，随机选取网络中的两条有向边，但是保证这两条边的 4 个端点不互相同，接下来交换这两条有向边的起点。不断重复这个过程，网络中的度混合模式会逐渐趋向于随机，但是网络的度分布并不会改变。从 Twitter 用户网络随机化后的网络的度混合相关性如图 6.5(b)所示，我们发现各个节点组的混合相关性都得到不同程度的升高，但是入度为 100~1000 的节点组的混合相关性依旧没有接近于 1。这有可能是网络的入度与出度分布不完全一致导致的。

随机化后的网络因为与 Twitter 用户网络具有完全相同的度分布及其他网络特征，所以这两个网络中不同度的节点组的累积影响力也基本相同。拥有入度 k_{in} 的节点在每一时刻自身状态的更新 $x_{k_{in}}$ 可以表示为

$$x_{k_{in}}\left(t+1\right)=\frac{1}{N_{k_{in}}}\sum_{k_{out}}M_{k_{out}k_{in}}\frac{x_{k_{out}}(t)}{k_{in}},$$

式中，$N_{k_{in}}$ 是入度为 k_{in} 的节点的个数；$M_{k_{out}k_{in}}$ 表示从出度为 k_{out} 的节点

出发，指向入度为 k_{in} 的节点的边的数目；$x_{k_{\text{out}}}(t)$ 为出度为 k_{out} 的节点在时间 t 的状态的平均值。

出度为 k_{out} 的节点的平均影响力可以表示为

$$f_{k_{\text{out}}}(t+1)=\frac{1}{N_{k_{\text{out}}}}\sum_{k_{\text{in}}} M_{k_{\text{out}}k_{\text{in}}}\frac{x_{k_{\text{in}}}(t)}{k_{\text{in}}},$$

式中，$N_{k_{\text{out}}}$ 是出度为 k_{out} 的节点的个数。

两个网络的累积节点组影响力如图 6.6 所示。

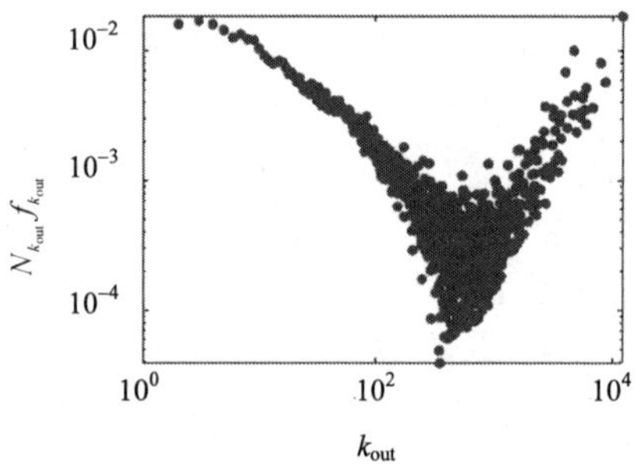

(a) Twitter 用户网络

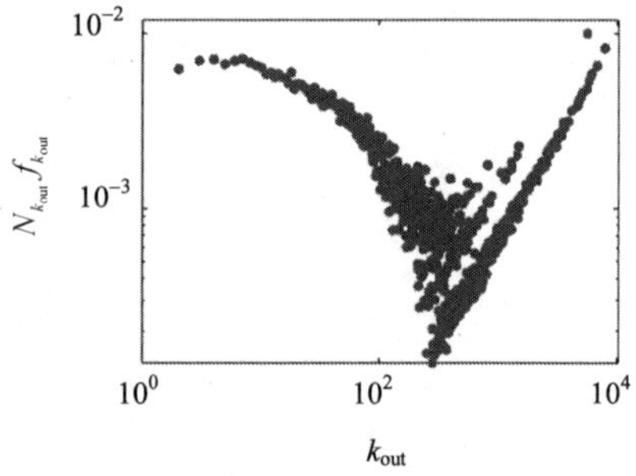

(b) 随机化后的网络

图 6.6　Twitter 用户网络和随机化后的网络的节点组影响力

Twitter 用户关系网络和随机化后的用户网络都是具有长尾度分布的网络。共识在具有这种网络结构的社会网络中形成的过程中，度非常大的节点所具备的影响力可以非常大。

接下来，通过仿真的过程来观察共识在网络中形成的过程。根据式(6-5)，初始时每个节点 i 首先会首先被赋予一个初始值 $x_i(0)$。接下来，节点之间相互交换意见，模型开始迭代。图 6.7 所示为共识在 Twitter 用户网络和随机化后的网络中形成的过程。在两个网络中，节点意见的平均值变化的趋势几乎相同，因此，达到的最终状态也几乎相同。这是因为两个网络中不同度的节点组的影响力几乎相同的原因。但是，节点意见的标准差收敛的过程非常有趣。在两个网络中意见标准差均有先上升后下降的过程，其中 Twitter 用户关系网尤其明显。这代表这两个网络中节点的意见均先产生了较初始状态更大的分歧，之后才逐渐趋于一致。而且明显的，度混合并不随机的 Twitter 用户网络中节点意见收敛的速度慢于度混合基本随机的随机化后的网络。

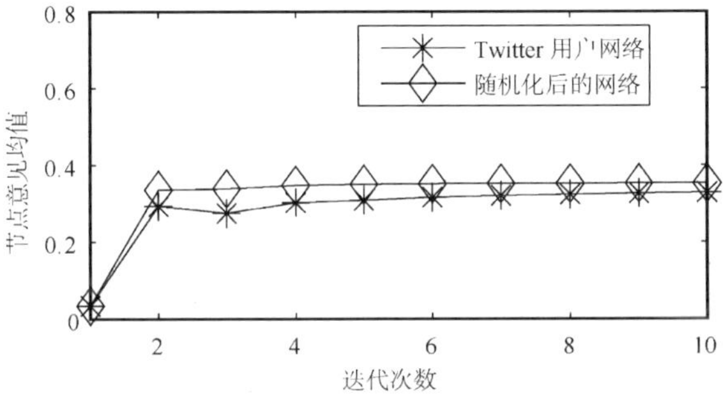

(a) Twitter 用户网络

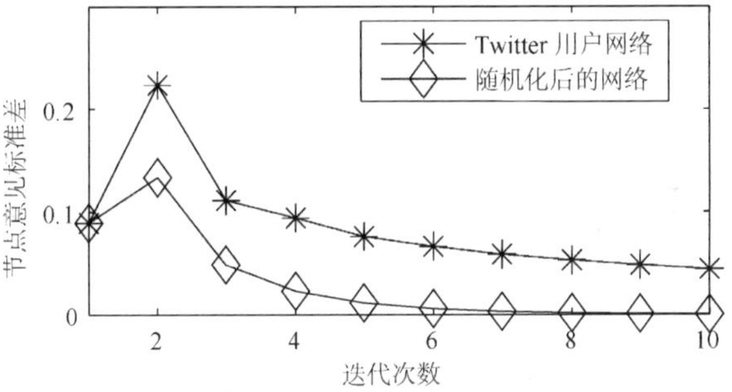

(b) 随机化后的用户网络

图 6.7　共识在 Twitter 用户网络和随机化后的用户网络中形成的过程

从共识过程来看，相对于随机化后的 Twitter 用户关系网络，Twitter 用户关系网络的共识过程明显更慢、更曲折。这是由于度混合的非随机性导致的。随机化的 Twitter 用户关系网也不是度混合完全随机的网络，因此在这个网络中的共识形成过程又远远慢于理论网络模型。除了度混合模式之外，Twitter 用户关系网中节点出入度不对称、单向信息传播的边的存在等，也都会使网络中的共识过程减慢。

本章小结

共识形成是社会学家、物理学家等各个领域的专家都非常感兴趣的课题，也是政治中非常重要的一环。本章分析了人类社会网络的拓扑结构对社会共识形成的过程所产生的影响，并使用异构平均场和计算机仿真的方法。重点关注了度分布和度混合这两个重要的宏观网络特征在共识形成中扮演的角色。

首先，我们发现，相比于传统社会学使用的全连通网络模型和随机网络模型，长尾网络中的共识过程体现出一个特性，即少数度很大的节点(对应少数影响力很大的人)对共识产生了巨大的影响。此外，虽然大量度很小的节点(对应了社会中大部分的普通人)的个体影响力小，但是凭借数量优势累积起来，他们的综合影响力也可以很大。因此我们得出一个结论，在符合长尾分布的真实社会中，共识是通过极少数人和大多数人的博弈而形成的。

在社会中，不是每个人都能够选择海纳百川式的接受意见。每个人有选择性的与他人进行交换意见，这种情况在网络中可以称为不随机的度混合模式。我们将 Twitter 网站中的用户关系网视为人类社会结构的一个真实例子，首先说明了人类社会具有非随机的度混合模式。这种非随机的度混合模式也被证明会对共识形成过程产生负面影响。由于非随机度混合的存在，虽然社会最终形成的共识意见并没有明显的变化，但是共识形成的速度变得更慢。

人类社会的结构远比我们想象中的复杂。随着在线社交服务的发展，越来越多的人选择将自己的社会关系和意见直接暴露在网络上。这给社会学、政治学的发展带来了巨大的机遇：分析真实的社会网络结构，使用实时的民意调查结果进行政治分析和预测，这将是未来的发展方向。

若需获取更多与本章内容相关的图片、视频等信息资料，请访问网页 http://cse.seu.edu.cn/PersonalPage/xfliu/book/consensus.html。

文献注记

社会共识是一项社会学、物理学的跨领域研究。Castellano 等(2009)对社会中意见形成、群体行为等的物理学模型进行了非常全面的总结。DeGroot(1974)提出了著名的 DeGroot 模型。此后，这个模型的矩阵形式被广泛应用在控制领域。通过矩阵形式严格求解模型的方法由 Olshevsky (2009)总结。

异质平均场方法在社会学中的应用由 Vespignani (2012)提出，这个方法可以将节点数目动辄数十万上百万的网络简化为仅仅由几千个节点组相连的网络，大大降低了网络数值分析的难度。

度混合是社会学中的经典问题，在网络科学中度混合的概念首先由 Newman (2002)提出。本章所使用的度混合相关性计算方法是 Liu 和 Tse (2014)首先提出。

第七章 其他成功的应用案例

除了艺术、金融和社交网络外，网络科学在其他领域也发挥了巨大的作用。尤其是在通信、互联网和生物医学这些以复杂系统为研究主体的领域，网络科学也取得了令人瞩目的成绩。本章向读者介绍网络科学的一些其他典型应用案例。首先，我们对网络科学在金融领域的应用进行补充，看看网络科学是如何对股票市场结构和稳定性进行分析的；接下来我们介绍网络科学是怎样指导公共卫生专家对流行病的爆发做出控制的；然后分别介绍网络科学在优化传统通信网络和现代通信网络的服务质量中的作出的贡献；介绍网络科学是怎样被互联网巨头应用在优化搜索引擎的算法中的；以及简单介绍网络科学在生物医学方面的应用。

股票市场结构及其健康状况分析

金融市场是一个非常复杂的系统，第四章已经从网络的角度宏观分析了全球股市之间的联动现象。在金融系统中，不仅全球的几十个股票市场可以被连成一张网络，而且如果从微观的角度观察，每个地区的股票市场中也包含了一张巨大的网络。每个股票市场中有上万只股票同时进行交易，每一只股票都是网络中的一个节点，每两个节点之间都有一条边相连。股票的价格瞬息万变，随着时间的推移形成时间序列。一对节点之间的边的权重，就是两只股票价格走势间的时间序列相关性大小。当我们建立了一个结构不断变化的股票网络后，分析市场结构，判断市场稳定性，这就都需要运用网络科学。下面我们将较为详细地介绍网络科学在分析股票市场结构和稳定性中的 3 个典型成功案例。

案例一：自动化地为股票市场设立股票指数。股票指数是一个用来表示整个股票市场的市值、走势和稳定性的数值，它一般是由股票市场中的所有股票或最重要的几只股票(即所谓的“成分股”)的价格相加而成。由股票市场监管方制定的股票指数有上证指数、深证指数等；由第三方制定的股票指数包括由恒生银行制定的香港股票市场指数——恒生指数，由标准普尔公司制定的美国股票市场指数——

S&P500 等。每种股票指数的成分股都是由制定指数的机构专家精挑细选得到的。对于同一个股票市场，不同的机构挑选出的成分股可能不一定相同。例如，标准普尔公司的 S&P500 指数选取了在美国市场(包括纽约交易所和 NASDAQ)中的 500 只具有代表性的股票，并对它们的价格进行加权平均。同样对于美国股票市场，道琼斯公司也根据自己的标准选择了成分股并制定了股票指数。常用的道琼斯工业指数中仅仅包含了道琼斯公司认为对股市影响最大的 30 只工业类股票。可以想象，依靠专家的经验在股票市场中挑选具有代表性的成分股的过程难免有失偏颇。那么，是否有可能通过市场的结构信息自动地选择成分股呢？

我们首先来仔细分析一下股票之间网络的拓扑结构特征。以纽约股票交易所中的接近 2 万只股票组成的网络为例，网络中的每两只股票之间都有一条边，边的权重为两只股票走势的相关性(一个从–1 到 1 的数值)。如果设定一个阈值，将边的权重小于这个阈值的边从网络中去除，那么网络中留下的边就代表着其连接的两只股票走势相似。当我们将这个阈值从–1 开始慢慢增加时，网络的结构发生了微妙的变化。网络从一个全连通的简单结构，变成了具有幂律度分布的无标度网络。在这个无标度网络中，大部分的节点失去了它们大部分的边，而那些度最大的节点依旧与网络中网络中大量的节点相连，也就是说，这些节点所代表的股票与市场中大量的其他股票走势相似。毫无疑问，这些股票就是最能够代表大多数股票的走势的“成分股”了。

以这些成分股的价格计算出的股票指数和 S&P500 指数、道琼斯工业指数保持了很高的相似性。也从一个侧面体现出从网络中自动选择出的股票制成的市场指数和年薪百万的专家们计算出的指数一样，都能反映市场的市值和稳定性走势！最后值得一提的是，在根据纽约股票市场的股票网络结构选择出的成分股中，大部分都是金融板块中的股票。这也说明了在美国，股票市场受到金融行业的影响非常之大。

案例二：利用网络的社团结构为股票市场划分板块。专业的金融分析师除了每天关注股票指数和投资组合中的股票价格走势外，还会关注市场中各行各业的总体走势。股票市场通常以行业或概念而划分为若干个板块，如：房地产公司板块、互联网公司板块、环境保护概念公司板块等等。这些板块通常是由金融专家手动划分的，他们通过阅读每个上市公司如砖块一样厚的招股书和财报，将可能受同种金融因素影响的公司归为一类。在更多的经济和政策因素正在影响着股票市场的今天，手动划分股票板块太过繁琐，且划分出的板块有可能太笼统。

如果我们仔细观察股票网络的拓扑结构，会发现在网络中有几组节点的内部连接的权重很高，而每组节点与网络中其他节点的连接权重则很低。这使得这几组节点内部形成了紧密连接的子网，或称社团结构。社团结构通常对应系统中功能性模块的自然划分。在股票网络中，社团结构中的节点可能受到了同一种或几种金融因素的影响，从而出现走势相似的情况。除了股票网络之外，社团结构在其他复杂网络中也经常出现。例如，在社交网络中，同一个单位的同事之间、同一个学校的同学之间都会形成社团结构。

在网络中划分社团结构的算法非常多，通常而言，这些算法的精度也都可以随意调整。也就是说，在社团结构不明显，或社团结构有重叠现象发现的情况下，一个成熟的划分算法可以根据需要调整划分出的社团结构的数目。在股票网络中使用社团结构的划分算法，划分出的市场板块更加精细、科学，并有可能划分出专家们从未留意过的板块结构来。

在股票市场中选择投资组合的目的，是为了控制风险的同时并且最大化收益。而风险控制的基本原则是“不把鸡蛋放在一个篮子里”。市场中的一个个版块，就是一个个装鸡蛋的篮子。以网络科学的方法划分出股市板块，能够最大程度的确保一个篮子被碰翻的时候其余的篮子安然无恙。利用好网络科学这个工具，投资者们可以更好地提高风险控制效率，降低投资风险。

案例三：通过网络结构判断股票市场的稳定性。在案例一中，我们提到，纽约股票交易所中的接近 2 万只股票组成了一个复杂的无标度网络。我们身边的大部分复杂网络，包括互联网、电网、交通网络等都具备无标度的特征，这是复杂网络的一个普遍规律。

在无标度网络中，节点的度分布符合幂律分布的形式，即 $p(k)\sim k^{-r}$。需要注意的是，幂律分布是对网络度分布的拟合，真实网络的度分布与幂律分布并不完全吻合，而是有小小的误差。这些误差是统计学中的正常现象。由于系统功能的限制或数据搜集的偏差，真实系统的特性并不一定完全符合物理模型。从统计学的角度来说，只要测量数据与物理模型的误差在允许范围内，都可以认为物理模型可以正确的描述系统的特性。

可是这小小的误差，恰恰是股票市场稳定性的重要指标。股票的价格每一天都在波动，市场中任意两只股票间的相关性都在不停变化，因此，网络的结构也随之不停变化。那么股票网络是否每天都符合幂律的度分布？每一天幂律分布拟合误差的大小又是如何变化的？对于第一个疑问，答案是肯定的，将股票网络中权重小于阈值的边去除，剩余网络的度分布无论何时都符合幂律分布。对于第二个疑问，我们首先可以肯定的是拟合误差也是在不停变化的。经过科学分析，拟合误差的变化趋势和整个股票市场的波动性变化趋势呈现强烈的正相关性。也就是说，在股票市场波动性升高的时候，幂律分布的拟合误差增大。在股票市场波动性降低的时候，幂律分布的拟合误差减小。

这一结果包含了两个非常重要的信息。第一，无标度特性是几乎所有复杂网络的固有特性，即网络中的度分布总是符合幂律分布的，股票之间的网络也不例外；第二，一个健康股票市场的股票网络应该严格符合幂律的度分布，当股票市场产生巨大波动，也就是股票市场的稳定性下降的时候，网络的度分布与幂律分布的吻合程度就会下降，网络的固有结构就会被破坏。

疾病传播的预测

2002 年 11 月，广东顺德出现了一种呼吸道疾病——重症急性呼吸综合征(SARS)。SARS 通过近距离飞沫传播，在短短半年时间内感染了东南亚和全世界超过 20 个国家的 8000 多个病人，其中死亡超过 700 例，病死率接近 10%，造成了极大的恐慌。SARS 的传播速度快得惊人，并且在传播过程中曾经出现一天之内上百人感染的“爆发式”传播。在这场瘟疫结束之后，流行病学专家们都试图弄清为什么 SARS 可以造成如此大的杀伤力。

科学家们使用了一个标准的疾病传播模型 SEIR 模型来模拟 SARS 的爆发。在这个疾病传播模型中共有四类人群：易感类(suspected)、携带者类(exposed)、被感染类(infected)和痊愈类(recovered)。这四类人群会根据一定概率产生人口流动：易感类人群会因为接触被感染类人群而成为病毒携带者。携带者类人群此时尚不具备病毒扩散的功能。当一定时间之后，病毒携带者发生了症状，成为了被感染人群之后，他们就会开始扩散病毒。最终，被感染类的人群会转变成为痊愈类人群。当然，痊愈类人群里包括了已死亡的、已隔离的和真正痊愈的病人，根据 SARS 病毒的特性，痊愈类人群都不具备再次患病和继续传播疾病的可能。研究发现，香港的 881 位病人的 2139 名家庭成员中，有 188 名被传染，因此疾病在家庭中传播的概率大约为 0.088。因为病人在感染 SARS 后 3~5 天会先留在家中观察，之后才会前往医院就诊，因此 SARS 的日均居所感染率可以调整为约 0.02。此外，SARS 病毒在人体内的潜伏期大约是 6 天。那么这些数字能否解释 SARS 的传播趋势呢？将研究和调查得到的 SARS 病毒传染率、潜伏期、病毒扩散时间窗口的数据代入标准疾病传播模型中，科学家们得到了一个疾病扩散范围随着时间变化的预测。可是奇怪的是，标准模型所预测出的疾病爆发程度和真实数据相差甚远。即使调整模型中的各个参数来拟合疾控部门发布的每日感染数据，也还是无法得到理想的参数组合。到底哪里出了问题？

模型并没有错，而是模型之外对人类社会结构的根本性假设出了问题。要解决这个问题，我们首先是要对人际网络有所了解。在社会学理论中，邓巴数是指以人类的大脑容量判断，每个人一生中只会存在大约 150 个熟人。标准疾病传播模型假设人们的社交仅仅局限在一个社区(community)里，而且圈子里的人有相同的机会接触到任何一个人。但是对人类行为的实证研究发现，人们的社交网络是一个无标度网络。在无标度网络中，大部分节点的链接数目都在一个很小的范围之内，也就是说对于绝大多数的人，邓巴数确实适用。但是总有一些人的活动范围非常大、交友非常的广泛、接触的人特别多，使得网络中少部分节点的链接数目非常大。在流行病学中，这些人能将疾病传染给比平均数多得多的人，因此被称为“超级传染者”。这些超级传染者的存在，将社区中人与人之间的距离拉得极近，使得标准模型难以预测真实情况下大规模的疾病爆发趋势。

尽管如此，只需要将标准的疾病传播模型在正确的社会网络模型上运行，就可以得到与真实情况相符的数据。社交网络符合两个特性：无标度性(即网络度分布符合幂律分布)和小世界性(即网络中的最短距离比较短)。运用第二章介绍的小世界模型构建方法，在网格状的社交网络上随机加入链接，并将加入的链接按照幂律分布适当的分配在各个节点上，即可生成符合小世界和无标度特性的社会网络模型。使用标准的 SEIR 模型，以及流行病专家们统计出的疾病潜伏期、传播窗口和个体接触感染率这几个简单的参数，无标度的小世界人口模型就可以预测出每个时间点人口中感染范围的概率。对比疾控部门发布的每日感染数字，我们毫不惊奇的发现这次的预测成功了。并且，模型不仅成功预测了每日感染概率，还能模拟出疾病在人群中爆发的聚集模式(即在第 1 个病人感染后的一段时间内，几个不同的社区同时有多个病例出现的情况)。

在流行病学中还有一个概念叫做传染阈值，即某种疾病的传染率和痊愈率的比例如果能够达到某一个值，疾病才会在人群中爆发。但是根据最近几十年的统计数据来看，传染阈值和疾病传染规模的相关性已经越来越小。其原因依旧是传统的流行病学认知对人类社交圈子的理解出了偏差。随着交通工具的越来越发达，人类社会正变得越来越小。对于在封闭社区内的疾病传染，传染阈值是一个远大于 0 的数字。也就是说，只要疾病的痊愈率比传染率大的多，那么疾病就不会爆发。

但是在小世界和无标度的人际网络中，传染阈值是一个无限接近于 0 的值。在这种情况下，即使疾病的痊愈率再高，传染率再小，这个疾病也还是有可能因为超级传染者的作用而形成爆发。

科学家们也由此提出了传染病防治的新方法。从小世界和无标度的网络结构特征考虑，对传染病扩散的预防有 2 种方法：一是在医疗地点做好隔离措施，因为这里通常存在着很多疾病患者，且又是人口密集的区域，疾病离网络中心节点的距离非常近，极易通过超级传染者扩散至整个网络；二是限制疫区的人口流动，减少网络中远程连接的数量，打破网络的小世界和无标度的结构，让疾病无法大规模传播。

疾病在人群中的爆发和谣言在社会中的传播过程非常相似，都是以人类社会为载体的传播过程。在自媒体手段极其发达的今天，任何谣言的传播都变得非常迅速。互联网中信息和谣言的传播除了具有疾病传播的特征之外，还具有其特殊性，那就是互联网中任何消息的传播都被记录了下来。例如，新闻网站中的信息都是永久保存，而即时通信的信息通常保留 3 个月的时间。这些记录使得追溯消息的来源成为了可能。舆情监控这项工作利用网络科学的理论，寻找消息的来源、推算消息的扩散范围、挖掘社交网络中暗藏的兴趣团体，已经成为了一门新兴的职业。舆情监控对于国家安全来说尤其重要。从互联网碎片化的信息中，找出恐怖分子的意见领袖，推测出完整的恐怖组织结构，可辅助安全部门提早切断恐怖分子之间的联系，对预防恐怖事件发生、维护国家安全起到了至关重要的作用。与舆情监控完全相反的，网络营销则是利用了互联网作为载体，试图最大化消息的影响力。对于政府信息广播、商家广告投放来说，网络科学的理论也从另一个角度发挥着自己的作用。

传统通信网络流量分析

现代人类的通信方式虽然多种多样，但载体可以大致分为传统通信网络和现代通信网络两种。传统通信网络是电话、手机的网络，终端间通过有线或无线的线路连接在一起，采用了线路交换的通信模式。简单来说，就是当一个终端和另一个终端建立了连接，终端之间的线路就被临时占用，并且此时这两个终端就无法再与其他终端建立连接。网络科学在解决传统通信网络出现的问题时，发挥了至关重要的作用。

电话是 19 世纪的发明，并在 20 世纪达到技术的成熟。在发达国家，20 世纪初期就已经建立起了连通多个城市间的大型电话网络。丹麦数学家厄兰在20世纪初创建了电话网络分析和排队论等工程领域，传统通信网络的各项理论也都在 20 世纪中期逐渐完善。通过对用户打电话的平均等待时间、平均通话时间和通话频率等使用习惯建模，科学家已经可以计算出电话网络最经济的线路容量分配。在最佳状况下，线路的容量既不过剩，用户的绝大部分通话需求也都可以被满足。从那时开始，电信公司按照经典的电话网络理论为电话网络布线、扩容，收到很好的成效。

到了 20 世纪末，固定电话和移动电话的数量呈爆炸式的增长，工程师们发现 100 年前建立的理论体系正在慢慢地变得不适用。电信公司明明掌握了用户的准确数量、用户使用电话的频率，以及通话时长，但是如果依旧按照经典理论计算出来的线路容量布线，实际服务质量(quality of service, QoS)确竟然与理论值相差甚远，用户怨声载道。即使不断增加线路容量，服务质量仍然不会有本质性的提升。那么，到底是哪里出了问题呢？

与疾病的传播问题一样，传统的电话网络分析方法对用户使用电话的习惯的数学分析并没有出错，错误在于模型的基本假设：用户间的联系人网络上。经典模型的假设是，用户之间的社交网络是一个全连通的网络，每个用户都有相同的机会给其他任何一个用户打电话。全连通的网络对于小范围的社交网络也许是一个适用的模型。但是对于一个大规模的社交网络，它就不能正确的反应用户网络的实际特征了。

通过本书中介绍的大量实例，我们知道，人际网络其实是一个无标度的网络，网络度分布符合幂律分布。在这个网络中，并不是所有用户都认识其他人，相反的，大部分用户都只有几个有限的联系人，但是却有一些用户的联系人非常多。这一小部分用户对应了营销机构、调查机构等需要大量使用电话服务的单位。

电话网络是按照经典电话网络分析理论建立的，每条线路容量都相等。但是由于用户使用电话的频率差别非常大，繁忙用户所使用的电话线路经常会出现阻塞的情况。如果认为用户每通电话的通话时长、等待时间等习惯与之前相同，但是用无标度网络模拟用户之间的联系人网络，将这种与经典理论的基本假设完全不同的线路流量加载在按照经典电话网络分析理论指导建立起的电话网络中，电话网络的服务质量就与现实吻合了。要重新保证电话网络的服务质量，只需根据用户间无标度联系网络的特征对网络线路进行优化即可。

另外一个值得注意的问题，是在极端情况下如何确保电话网络的服务质量。这里所说的极端情况，是严重的城市级的自然灾害或人为破坏的情况。在极端情况下，通信线路也许会受到破坏，从而使整个通信网络的容量不足以满足所有用户之间的通话需求。此时，通信网络服务商必须首先需要确保紧急电话的接通率，至于非紧急电话的其他用户之间通话接通率则无需保持和平时一样的水平。通信网络服务商需要主动切断某些用户与网络的连接，或是降低某些用户与网络连接的带宽。那么，怎么选择这些用户呢？

简单来说有两种方案：第一个方案是随机的选择网络中一定比例的用户，降低他们的预期服务质量，以期有效地提高紧急电话的接通率。实验证明，这种方法并不能取得预期的效果。网络渗透理论表明，在一个无标度的网络中随机的选择一定比例节点，并将它们从网络中移除，无法有效减小网络的规模，也不能降低网络的连通性。因此，就有了第二个方案，即有目的地选择电话网络中的非紧急电话的繁忙用户，并将它们从网络中隔离出去，成为一种有效的在极端情况下的危机应对方案。

对传统通信网络的分析表明，经典理论忽略了一个人类的基本特征，即电话用户间的联系人网络是一个无标度的网络。无标度用户网络和传统的全连通用户网络假设有着本质上的区别，造成了经典理论在预测通讯网络服务质量、设计线路容量时的巨大误差。当我们理解了用户联系网络之后，就可以根据这一特性优化通信网络、合理制定线路定价、甚至制订危机应对等措施。

互联网的路由控制

上一节介绍了网络科学在传统通信网络中的应用，这一节我们把目光转向现代通信网络——互联网。在传统通信网络的线路交换式通信中，点与点之间一旦建立起通信连接，那么这个连接就在一定时间内专享了通信线路。现代通信网络与传统通信网络最大的区别，就是网络中的信息以数据包的形式传播。每一份信息都被封装在多个很小的数据包里，且线路中同时传递的若干个数据包可以具有不同的来源和目的地。数据包交换的通信模式比传统模式效率更高，单位线路容量更大。

互联网中数据的流转可以想象成河里的流水。每一滴水都可能从不同的地方来，有的来自雨水，有的来自山中的泉水；每一滴水也都可能去往不同的地方，有可能是大海，也有可能进入我们的家庭。一条流经上千公里的河流会产生许多分支，也会与许多支流汇合，这也与互联网中复杂的网络连接类似。经过上亿年的地理变迁，世界上大部分的河流都安静地流淌在河道中，但是有时候，也会发生洪水泛滥，冲出河道的情况。在互联网中，这样的情况更加常见。不像流水可以为自己冲出一条道路，互联网中的流量看不见摸不着，需要人工设计的路由算法将数据从一个节点带到另外一个节点。一个差劲的路由算法，有可能造成通信延迟，或者干脆直接导致信息丢失。

在信息传递的过程中，我们总是希望延迟越短越好。也就是说，数据包经过的中转节点越少，则花在路由上的时间越短。我们都知道，网络中总是可以找到从一个节点到另一个节点的最短距离。为了将数据最快速地送到目的地，最自然的方法就是最短路径的路由策略。但是，“欲速则不达”这句话放在最短路径的路由测率上最合适不过。而造成这个结果的罪魁祸首，不出意外，就是互联网的无标度性质。原来，在无标度网络中，节点与节点之间的最短路径总是会通过很少一部分的节点。这部分节点因为其拓扑结构的特殊性，又被称为网络的中心节点。由于大量的数据包被传向网络的中心节点，而这些中心节点的单位时间处理数据包能力又有限，就导致节点的数据包队列越来越长，甚至产生数据包无法进入节点而直接丢失的情况。要改变网络中心节点大量丢包的状况，就必须按照网络的既有拓扑结构，重新设计路由策略、资源分配方法或网络结构。

路由策略由于是以软件形式写在路由设备上的，理论上来说最易于优化。科学家们针对互联网的无标度结构，提出了许多新的路由算法。研究发现，网络中心节点的度越高，那么它们处在其他节点的最短路径上的概率就越高。针对这一特性，一种新的路由算法提出，在节点间拥有若干条最短路径可选的情况下，选择经过的节点的度相加之和最小的那条。这样就可以在一定程度上避开度更大的那些节点。许多类似的路由算法也都可以经由以一定概率避开网络中度最大的节点的方式，达到优化路由策略的目的。

互联网中不同的节点可以用来代表路由器和交换设备。每个设备都有自己的处理能力。例如，大型路由器对数据包的分发速度往往快于家庭路由器。此外，每个设备还有一个缓冲，用来暂时保存瞬间不能处理完的数据，每个设备的缓冲区也都有大有小。那么，将有限的资金所购买的计算能力，按照路由算法所决定的节点负荷分配在网络节点上，也能够达到增加繁忙节点的处理能力，从而减少网络拥塞情况的发生。

互联网的无标度结构导致了使用最短路径路由算法产生的通信延迟和网络阻塞。那么能不能改变互联网的连接结构，让最短路径这个简单直接的路由方法恢复其应有的效果呢？我们的第一反应当然是不可能！路由器之间的物理连接都是建设时就固定好的，既成的网络结构无法修改。但是其实，通过特定的路由方法，还是可以达到改变网络拓扑结构的目的。在这种路由算法中，路由器中的路径表在不停的实时变化中。在最短路径路由的基础上，动态路由算法可以监测网络中是否有节点将要发生阻塞现象。当阻塞即将发生，一定比例的路由器会将有危险的节点暂时从路由表中移除，从而预防阻塞的产生。鉴于无标度网络中最易发生阻塞的节点往往是度最大的节点，将容易阻塞的节点从路由表中删除其实等效于降低网络中心节点的度。因此，网络的无标度特性就被打破，网络服务质量就因为拓扑结构的改变而相应提高。

无论是改变路由策略、资源分配方法还是改变网络拓扑结构，互联网中的路由控制都有两个不变目的：一是节点的负载均衡，即每个节点单位时间处理的数据包的数量符合其自身处理能力的最佳经济需求；二是数据传输的速度最快，其中也包含数据包的传输路径最短。我们相信，不论是现有的最成熟复杂的路由协议边界网关协议(BGP)，还是未来网络的发展趋势软件定义网络(SDN)，都可以借鉴网络科学对互联网拓扑结构的分析结果，利用网络科学完善自身的理论，创造一个高效的未来网络世界。

万维网中的知识获取

搜索引擎的主要功能，是在万维网中搜集尽量多的网页，提炼网页的主题，并根据用户键入搜索栏的关键词将用户最需要的网页推荐出来。当用户对某个关键词进行搜索，搜索引擎会发现许多网页都包含这个关键词。如何对这些网页进行排序，将最重要的网页优先交还给用户，是搜索引擎成功的关键。

Google 是当今世界上最大的互联网搜索公司。在 Google 出现之前，搜索引擎行业是雅虎和 AltaVista 的天下。当时雅虎的搜索引擎采用的是关键词分类策略。每个网页都根据自身的内容事先设定了主题，当用户搜索一个关键词时，以这个关键词为主题的网页就被返回给用户。AltaVista 采用的是基于网页中关键词出现频率的策略。也就是说，一个网页中包含了数量越多的关键词，搜索引擎就越有可能将这个网页优先呈现给用户。但是，当Google公司出现之后，这两个搜索引擎的市场份额直线下降，最终还险些被Google公司收购。那么，Google的搜索引擎成功的秘诀是什么呢？

Google 搜索引擎的成功并不在于他们比前辈们多搜集了多少网页，而是在于一个叫做PageRank的网页排序算法。在万维网中，每个网页都是一个节点。每个网页里也都有指向其他网页的超链接，网页和超链接组合在一起就形成了一张具有指向性的信息网络。PageRank算法的成功之处，就在于利用了这个网络的结构特征，正确判断出节点(即网页)的重要性。

PageRank算法中每个网页的重要性与两个指标相关：一是万维网中有多少条超链接指向它；二是指向它的那些网页又被多少条超链接所指向。由第二章中的内容我们知道，网络可以表示成矩阵的形式。矩阵又是向量线性变换的表示形式，矩阵的特征向量决定了向量线性变换的最终状态。PageRank算法实际上近似的表示了每个节点对网页的网络特征向量的贡献。PageRank算法面世之后的反响相当好，这恰恰反映了一个网页节点在网络中的结构重要性要比网页中关键词的频率大小更好地反映了用户对于这个网页的需求程度。

PageRank 算法是利用网络的拓扑结构对节点重要性排序的众多算法中的一种。使用合适的节点重要性排序算法，可以正确、快速的判断出系统中的关键组成部分，在社会、生物、信息、工程系统中都有极高的应用价值。这里我们不一一赘述，感兴趣的读者可以继续阅读文献注记中的其他参考资料。

蛋白质功能预测

网络科学在生命科学中的应用十分广泛，例如，对生态系统的认知、对人类大脑的功能性建模等，都离不开网络科学的理论工具。本节以蛋白质功能预测为例，介绍网络科学在生命科学中的一个典型应用。

生命体的新陈代谢都是由蛋白质互相作用产生的。为了探索生命的奥秘，科学家们试图找出自然界中所有蛋白质之间的关系。可是检测蛋白质之间的作用关系需要长期的实验观察。酵母是一种单细胞真菌，一种非常简单的微生物。仅仅在酵母中就有成千上万种蛋白质。据估计，想要穷举出酵母体内的蛋白质间存在的相互作用，可能需要进行几年甚至几十年的实验。要想对人体内的蛋白质功能进行穷举实验，周期就更加不可估量。但是，如果有办法可以在实验之前就预测出蛋白质之间存在相互作用的概率，优先进行某些实验，就可以大大缩短实验周期。

生命科学家对蛋白质功能预测的问题已经进行了超过 10 年的探索。基于蛋白质序列相似性、基于蛋白质空间结构相似性等方法均取得了不错的成果。在这一领域中，网络科学也发挥了自己的作用。过去的 20 年间，各类科学文献中已经记载了大量蛋白质之间的相互作用。使用文本挖掘的方法，我们可以将这些文献提供的线索综合起来，组成一个蛋白质相互作用的网络。在这个网络中，蛋白质是节点，蛋白质之间的已知相互作用，就是节点之间的连接。

网络科学一个重要的分支是链接的预测。链接的预测是指通过某些特定的方法推测网络节点之间的可能关联。这个问题通常适用于两种情景：一种情景发生在大量数据的获取中，因为技术手段的限制或人为的原因，最终得到的数据往往并不完全，有一定程度的缺失。这时就需要将节点间缺失的关联信息通过链接预测推测出来。在这种情境下，链接的预测通常考虑目标节点间的距离、目标节点与其邻居节点所组成的子网结构的相似度等结构信息，网络结构越相似的节点间越可能产生关联。另一种情景是在具有动态结构的网络中，网络的拓扑结构因为外界的刺激，比如：消息的传播、病毒的扩散，或自身的规律不断演化。在这个情景下，链接的预测通过运用过往的网络结构变化信息，分析网络演化的规律，预测下一时刻的网络结构。

网络科学家在已有的知识基础上构造了蛋白质相互作用的网络，并分析每个节点在网络中的角色的相似度。也就是说，两个节点是否都是网络的中心节点，是否在网络的层级表示中处在同一层次上等等关系。如果两个节点在网络中的角色相似，则节点间可能存在连接，即节点所代表的蛋白质之间可能存在相互作用关系。这种方法在酵母蛋白质功能的预测中取得了不亚于其他预测方法的成绩，且效率远远高于其他预测方法。在不远的未来，生命科学家们有望大规模利用这种预测方法，优先对概率较高的蛋白质反应进行实验，提升实验效率，加快生命科学的发展。

类似于蛋白质功能预测，其他预测系统中功能性单元的应用场景还有很多。在生命科学中，还可以对细胞内部的功能性单元进行预测、寻找中心体功能性障碍间的关系和寻找肥胖和炎症性肠病间的关系等等。在电子商务、社交网站等其他许多领域中，以阿里巴巴、eBay、亚马逊为首的电商网站，已经可以从用户的浏览历史、购买历史中挖掘信息，建立二元网络，并用链接预测的方法，以极高的概率推测出用户的下一步购买行为，产生了极大的商业价值。腾讯、Facebook 等在线社交网站也通过预测用户社交网络中可能出现的链接，向用户推荐其潜在的社交关系，提升了网站使用体验，吸引了更多用户使用他们的服务。

本章小结

从艺术、金融、社会网络等社会科学领域，到通信、交通、互联网等工程领域，再到知识、生物、疾病防范等自然科学领域，网络科学已经展现出其强大的应用能力。网络科学从图论、统计物理、控制论等基础学科中发展出来，本身就带有强烈的通用特性。再加上大数据浪潮的来临，一夜之间，以往无法得窥全貌的复杂系统已经统统通过数字化的形式暴露在我们面前。这些复杂系统都有一个特点，那就是内部的连通性。系统组成部分往往并不是以严格的层级形式组织起来，而是以网络的形式错综复杂的连接在一起。任何一个系统组成部分的行为都会对其他单元造成难以预期的影响。在这一背景下，网络科学自然而然的找到了其无与伦比的广阔应用空间。本章介绍了网络科学在社会科学领域以外的一些应用，这些应用其实也只是“冰山一角”，网络科学已经融入了我们生活的方方面面，更多的网络科学的应用还亟待读者们发现和创造。

文献注记

Tse 等(2010)对纽约股票市场中交易的接近 2 万只股票建立了复杂网络，指出网络具有无标度特性，并根据这个特性编制了新的股票市场指数。Liu 等(2009)提出当股票市场产生剧烈波动时，网络度分布的幂律特性会遭到破坏。Leibon 等(2008)通过社团发现算法对股票市场进行了板块分析。

Small 和 Tse(2005)对 2003 年 SARS 病毒在香港的疫情爆发进行科学的建模，并指出无标度、小世界的社会网络模型对模型的预测成功率至关重要。Vespignani(2012)进一步从数学分析的角度阐释无标度网络中疾病传播的规律，尤其是传染阈值的缺失导致流行病极易爆发的原因。

Xia 等(2003)对传统通讯网络中用户之间的联系人关系进行建模，并发现无标度的用户联系网络是网络服务质量无法上升至理论水平的主要原因。Tam 等(2009)在进步一分析用户联系网络的基础上提出了极端情况下保证紧急电话线路畅通的策略。

Wu 等(2013)分析了互联网网络拓扑结构、资源分配和路由算法的选择对互联网服务质量的影响。Yan 等(2006)、Wang 等 (2006)提出的路由方法均可以在具有无标度特性的互联网上达到提升服务质量的目的。

Brin 和 Page(1998)提出了PageRank算法，并一起创建了 Google 公司——当今互联网行业第一大巨头。任晓龙和吕琳媛(2014)综述了节点重要性排序的方法，并对这些方法进行了仔细的分类。

Holme 和 Huss(2005)提出了根据节点角色相似性进行蛋白质功能

预测的方法，并在酵母蛋白质功能预测上取得了较好的成效。Lü和Zhou (2011)对重要的链接预测方法进行综述，并介绍了应用链接预测的方法解决实际问题的框架。

第八章 结语

自21世纪以来，得益于无线传感器、快速基因测序、高性能数据库等技术的高速发展和广泛应用，人类获得了前所未有的数据获取能力。这些海量、实时、多样化的数据又被称为“大数据”。大数据时代的到来促生了网络科学，并发展了一整套分析复杂系统的通用方法。因此，我们得以一窥大型基础设施、社会网络、生命体、金融系统等复杂系统的真实面貌，揭示不同功能的复杂系统所共有的特性。以往那些对于人类来说超出认知极限的大型复杂系统，如今已清晰地展现在我们的面前。

网络科学的核心理念是将具有复杂结构的系统都抽象为仅以“点”和“边”两种元素组成的集合。在这一核心理念的基础上，科学家可以从宏观角度(如节点度分布、社团结构等)、微观角度(如节点中心性、聚类特性等)、动态角度(如传播、扩散、拓扑结构演化等)等多个角度分析复杂系统的共同或独有的属性。拥有了完善的理论工具后，我们需要考虑的问题就是如何将这些工具应用起来以解决实际的问题。

网络科学能够解决的问题范围很广，通过本书的介绍，读者可以了解到网络科学在音乐、金融、社会学，甚至包括工程、互联网和生命科学等多个领域的典型应用案例。总体来说，网络科学特别擅长解决系统级的问题，其中包括：利用对系统结构的全新认知重新审视社会共识、疾病传播、流量控制等动力学问题；利用社团结构划分股市板块、社会团体等系统功能模块；利用节点的拓扑结构特征为系统组成部分的重要性进行排序；利用节点之间的角色相似性或连接紧密性找到网络中可能缺失的连接信息；以及运用生物系统的演化特征设计高可靠性的工程系统等等。本书中提到的应用网络科学解决实际问题的框架仅仅是一个初步的建议，更精彩的未来有待读者和我们一同创造和见证。

值得注意的是，网络科学并不是一门孤立的学科，它是统计物理、图论、控制论等多个学科的交叉产物。网络科学的发展也并不局限于此，我们已经在实际应用的场景中看到了网络科学与统计学、机器学习、数据库技术等多个学科相结合时所迸发出的巨大能量。展望未来，我们热切期盼网络科学能与其他学科一起，在大数据的浪潮中发挥力量，为人类创造更美好的明天。

参考文献

任晓龙，吕琳媛. 2014. 网络重要节点排序方法综述. 科学通报, (13): 1175–1197.

Albert R, Albert I, Nakarado G. 2004. Structural vulnerability of the North American power grid. Physical Review E, 69(2): 25103.

Albert R, Jeong H, Barabási A L. 2000. Error and attack tolerance of complex networks. Nature, 406(6794): 378–382.

Alpert J, Hajaj N. 2008. We knew the web was big... The Official Google Blog.

Barabási A L, Albert R. 1999. Emergence of scaling in random networks. Science, 286(5439): 509–512.

Barabási A L, Bonabeau E. 2003. Scale-free networks. Scientific American, 288(5): 60–69.

Boginski V, Butenko S, Pardalos P M. 2006. Mining market data: A network approach. Computers & Operations Research, 33(11): 3171–3184.

Brin S, Page L. 1998. The anatomy of a large-scale hypertextual web search engine. Computer Networks and ISDN Systems, 30(1): 107–117.

Broder A, Kumar R, Maghoul F, Raghavan P, Rajagopalan S, Stata R, Tomkins A, Wiener J. 2000. Graph structure in the web. Computer Networks, 33(1–6): 309–320.

Butler P. 2010. Visualizing friendships. https://www.facebook.com/notes/facebook-engineering/visualizing-friendships /469716398919 [2014-08-15].

Castellano C, Fortunato S, Loreto V. 2009. Statistical physics of social dynamics. Reviews of Modern Physics, 81(2): 591–646.

Chan K C, Gup B E, Pan M S. 1997. International stock market efficiency and integration: A study of eighteen nations. Journal of Business Finance & Accounting, 24(6): 803–813.

Clauset A, Moore C, Newman M E J. 2008. Hierarchical structure and the prediction of missing links in networks. Nature, 453(7191): 98–101.

Costa L d F, Oliveira O N, Travieso G, et al., 2011. Analyzing and modeling real-world phenomena with complex networks: A survey of applications. Advances in Physics, 60(3): 329–412.

DeGroot M H. 1974. Reaching a consensus. Journal of the American Statistical Association, 69(345): 118–121.

Dorogovtsev S N, Mendes J F F. 2002. Evolution of networks. Advances in Physics, 51(4): 1079–1187.

Engle R. 2002. Dynamic conditional correlation. Journal of Business and Economic Statistics, 20(3): 339–350.

Erdős P, Rényi A. 1960. On the evolution of random graphs. Publications of the Mathematical Institute of the Hungarian Academy of Sciences, 5: 17–61.

Gautreau A, Barrat A, Barthélemy M. 2009. Microdynamics in stationary complex networks. Proceedings of the National Academy of Sciences, 106(22): 8847–8852.

Gross T, Blasius B. 2008. Adaptive coevolutionary networks: A review. Journal of The Royal Society Interface, 5(20): 259–271.

Gross T, D'Lima C J D, Blasius B. 2006. Epidemic dynamics on an adaptive network. Physical Review Letters, 96(20): 208701.

Haldane A. 2009. Rethinking the financial network. Speech at Financial Student Association, Amsterdam, April 2009.

Hilliard J E. 1979. The relationship between equity indices on world exchanges. The Journal of Finance, 34(1): 103–114.

Holme P, Huss M. 2005. Role-similarity based functional prediction in networked systems: Application to the yeast proteome. Journal of The Royal Society Interface, 2(4): 327–333.

Holme P, Kim B J, Yoon C N, et al. 2002. Attack vulnerability of complex networks. Physical Review E, 65(5): 056109.

Jeong H, Tombor B, Albert R, et al. 2000. The large-scale organization of metabolic networks. Nature, 407(6804): 651–654.

Kleczkowski A, Grenfell B T. 1999. Mean-field-type equations for spread of epidemics: The ‘small world’ model. Physica A: Statistical Mechanics and its Applications, 274(1-2): 355–360.

Kleinberg J M. 2000. Navigation in a small world-it is easier to find short chains between points in some networks than others. Nature, 406(6798): 845–845.

Knabe J, Nehaniv C, Schilstra M. 2008. Do motifs reflect evolved function? No convergent evolution of genetic regulatory network subgraph topologies. BioSystems, 94(1-2): 68–74.

Koch C, Laurent G. 1999. Complexity and the nervous system. Science, 284(5411): 96–98.

Lü L, Zhou T. 2011. Link prediction in complex networks: A survey. Physica A: Statistical Mechanics and its Applications, 390(6): 1150–1170.

Leibon G, Pauls S, Rockmore D, et al. 2008. Topological structures in the equities market network. Proceedings of the National Academy of Sciences, 105(52): 20589–20594.

Levitin D J, Chordia P, Menon V. 2012. Musical rhythm spectra from Bach to Joplin obey a 1/f power law. Proceedings of the National Academy of Sciences, 109(10): 3716–3720.

Liu J, Tse C K, He K. 2009. Fierce stock market fluctuation disrupts scalefree distribution. Quantitative Finance, 11(6): 817–823.

Liu X F, Tse C K. 2014. Impact of degree mixing pattern on consensus formation in social networks. Physica A: Statistical Mechanics and its Applications, 407(0): 1–6.

Liu X F, Tse C K, Small M. 2010. Complex network structure of musical compositions: Algorithmic generation of appealing music. Physica A: Statistical Mechanics and its Applications, 389(1): 126–132.

Longin F, Solnik B. 2001. Extreme correlation of international equity markets. The Journal of Finance, 56(2): 649–676.

Maslov S, Sneppen K. 2002. Specificity and stability in topology of protein networks. Science, 296(5569): 910–913.

Milo R, Shen-Orr S, Itzkovitz S, et al. 2002. Network motifs: Simple building blocks of complex networks. Science, 298(5594): 824–827.

Newman M E J. 2002. Assortative mixing in networks. Physical Review Letters, 89(20): 208701.

Newman M E J. 2003. The structure and function of complex networks. SIAM Review, 45(2): 167–256.

Newman M E J. 2012. Communities, modules and large-scale structure in networks. Nature Physics, 8(1): 25–31.

Noh J D, Rieger H. 2004. Random walks on complex networks. Physical Review Letters, 92(11): 118701.

Olshevsky A. 2009. Convergence speed in distributed consensus and averaging. Siam Journal on Control and Optimization, 48(1): 33.

Roll R. 1992. Industrial structure and the comparative behavior of international stock market indices. The Journal of Finance, 47(1): 3–41.

Schoenberg A. 1978. Theory of harmony. University of California Press.

Shimada Y, Ikeguchi T, Shigehara T. 2012. From networks to time series. Physical Review Letters, 109(15): 158701.

Small M, Tse C K. 2005. Small world and scale free model of transmission of SARS. International Journal of Bifurcation and Chaos, 15(5): 1745–1755.

Small M, Walker D M, Tse C K. 2007. Scale-free distribution of Avian Influenza outbreaks. Physical Review Letters, 99(18): 188702.

Szabóa G, Fáthb G. 2007. Evolutionary games on graphs. Physics Reports, 446(4-6): 97–216.

Tam W M, Lau F C M, Tse C K. 2009. Complex-network modeling of a call network. IEEE Transactions on Circuits and Systems I: Regular Papers, 56(2): 416–429.

Thompson C. 2012. Facebook: About 83 million accounts are fake. http://usatoday30.usatoday.com/tech/news/story/2012-08-03/cnbc-facebook-fake-accounts/56759964/1 [2014-8-15].

Tse C K, Liu J, Lau F C M. 2010. A network perspective of the stock market. Journal of Empirical Finance, 17(4): 659–667.

Uitdenbogerd A L, Zobel J. 1998. Manipulation of music for melody matching. Proceedings of the sixth ACM international conference on Multimedia. Bristol, United Kingdom, ACM: 235–240.

Vespignani A. 2012. Modelling dynamical processes in complex socio-technical systems. Nature Physics, 8(1): 32–39.

von Wolzogen H. 1878. Thematischer leitfaden durch die musik zu rich. Wagner's festspiel der ring des nibelungen. Leipzig : Edwin Schloemp.

Wang W X, Yin C Y, Yan G, et al. 2006. Integrating local static and dynamic information for routing traffic. Physical Review E, 74(1): 016101.

Watts D J, Strogatz S H. 1998. Collective dynamics of 'small-world' networks. Nature, 393(6684): 440–442.

Williams R J, Berlow E L, Dunne J A, et al. 2002. Two degrees of separation in complex food webs. Proceedings of the National Academy of Sciences of the United States of America, 99(20): 12913–12916.

Wu J, Tse C K, Lau F C M, et al. 2013. Analysis of communication network performance from a complex network perspective. IEEE Transactions on Circuits and Systems I: Regular Papers, 60(12): 3303–3316.

Xia Y, Tse C K, Tam W M,et al. 2003. Scale-free user-network approach to telephone network traffic analysis. Phys Rev E, 72(2): 026116.

Yan G, Zhou T, Hu B, et al. 2006. Efficient routing on complex networks. Physical Review E, 73(4): 046108.

Zachary W W. 1977. An information flow model for conflict and fission in small groups. Journal of anthropological research, 33(4): 452–473.

Zanette D. 2008. Playing by numbers. Nature, 453(7198): 988–989.

索　引